Uno

Sanando la División Racial

Dennis Rouse

AVAIL

Recomendado por:

"He conocido a Dennis por 25 años, he sido su mentor, he predicado en su iglesia, y he tenido muchas conversaciones con él acerca de la temática de este libro, *Uno*. En este momento, los Estados Unidos y el mundo entero están llegando a un punto de quiebre en las relaciones raciales, y este mensaje es vital para ayudar a traer soluciones y sanidad a la división racial. No huyas de este mensaje. Deja que transforme tu manera de pensar y actuar en la búsqueda de fomentar la igualdad para todos."

—John Maxwell, Autor y Conferencista

"Simplemente amo a Dennis y Colleen. *Uno* no es sólo un libro. Es una verdadera manifestación de quiénes son ellos. He conocido a Dennis desde principios de los años 1990 y he visto su recorrido. En el primer capítulo comencé a llorar. Serás animado, desafiado y confrontado. Pero el resultado será Uno."

—Dr. Sam Chand, Consultor de Liderazgo y autor de Aprovecha el Poder de la tensión, www.samchand.com

"Hace algunos años, después de lo ocurrido en Charlottesville, el mundo vio un vídeo viral de un hombre mayor de raza blanca que se arrepentía, pedía perdón y lavaba los pies de un joven de raza negra. Ese era Dennis. Lo que el mundo no ha visto es cómo este hombre ha hecho eso mismo todos los días con todas las personas que lo rodean, sin importar su raza o color de piel. Él lo vive y lo respira, y me alegra que ahora lo haya escrito. Recuerda que no todos lo hacemos bien siempre, pero el objetivo es entenderlo al fin."

—Montell Jordan, Artista nominado a Premios Grammy Pastor, Autor y Co-fundador de Marriage Masterpiece

"Me siento orgulloso de mi amigo, Dennis Rouse, por el valor que ha tenido para escribir, *Uno: Sanando la división racial.* En este mensaje tan importante y oportuno, el Pastor Dennis aboga por la reconciliación y confronta las problemáticas raciales que deben ser corregidas para poder sanar como nación y, juntos, volvernos más fuertes."

—John Bevere, Autor de Best-Sellers y Ministro, Co-fundador de Messenger International

"Permítame ser franco. No hay una temática que requiera ser tratada más claramente y frontalmente que el racismo. No hay organización que necesite más ser la punta de lanza en este diálogo que la iglesia. La iglesia cuenta con una posición de privilegio para hablar acerca de la justicia y la rectitud. Como el Dr. Martin Luther King Jr. solía decir, éstas son el marco para la resolución de los problemas raciales sistémicos. Sin embargo, la iglesia ha permanecido callada por demasiado tiempo. Dennis Rouse es la excepción. Él lo ha vivido y ha hablado claramente al respecto. ¡*Uno* debiera ser material de lectura obligatorio para todos!

—Gerald Brooks D.D., D.C.L., Pastor, Grace Outreach, Plano Texas

ÍNDICE

Prólogo

He conocido a Dennis y Colleen Rouse por más de una década, y caminar junto a ellos en el ministerio ha sido la fuente de las más enriquecedoras y gratificantes experiencias que mi esposa Kristin y yo hemos tenido.

Al momento de escribir estas líneas, tengo 51 años de edad y he tenido cuatro papás espirituales y un padre espiritual. Estoy muy agradecido por cada uno de ellos y reconozco la importancia de sus roles en mi vida. Los cuatro papás espirituales resultaron ser de raza negra y me enseñaron casi todo lo que tenía que saber acerca de amar a Dios, servir en la iglesia y utilizar mis talentos musicales para crear experiencias religiosas. Así como a los hijos de Israel, esta experiencia dio forma a mis primeros cuarenta años de vida y religión. En el momento no me daba cuenta, pero estaba enlazando momentos emotivos mientras buscaba agua en el desierto.

Sin embargo, la verdadera paternidad espiritual, la recibí de parte de un hombre blanco que me lleva menos de diez años de edad. Hago esta distinción clara entre mis papás y quien realmente me brindó paternidad espiritual por una razón. Basta con un momento para tener un hijo, pero la verdadera paternidad toma una vida de dedicación. Dennis Rouse ha sido esa figura de padre espiritual, amigo y caminante en el camino de la fe que me ha servido de modelo a seguir. Me mostró dónde encontrar agua en medio del desierto.

La historia de la cuestión racial en Estados Unidos es el motivo por el cual resalto el hecho de que Dennis es blanco. La década de relación que llevo con Dennis gestó, en mi vida, la transición de la religión a una relación (en lo espiritual) y de la tolerancia a la reconciliación (en lo natural). Ha sido una parte fundamental de mi sanidad de algunos dolores residuales que he experimentado a nivel personal a causa de la historia de nuestra nación.

Si no hubiera habido intencionalidad, es probable que nuestros caminos nunca se hubieran cruzado. De alguna manera, Dios orquestó un encuentro armonioso entre un pastor sureño extremadamente blanco y un famoso artista negro de hip-hop, creando una sinfonía de hermosos años de vida compartida. Juntos hemos trabajado para reducir las tensiones raciales que sufre nuestra nación a través del lente de la iglesia sin perder contacto con el mundo. Nos hemos desafiado mutuamente a encontrar formas de dotar de mayor diversidad e inclusión a una iglesia multicultural y multigeneracional. Nos amamos mutuamente y hemos servido juntos para generar espacios seguros para que la gente de todas las nacionalidades pueda adorar a Dios como uno. Dennis fue intencional en mostrarme un amor basado en la "cultura de Reino" que sobrepasa la preferencia personal, la expresión cultural y el deseo de adorar cómodamente segregados.

Soy un producto de la enseñanza y la mentoría de Dennis Rouse. Mi vida en el ministerio y liderazgo son inimaginables sin su guía y su visión compartida. Hablo de las cosas que hemos logrado juntos porque tiene la habilidad de movilizar, animar, empoderar a la gente que le rodea a trabajar unidos como uno, como para el Señor, para que las cosas sucedan aquí en la tierra como ocurren en el cielo.

He esperado este libro por mucho tiempo. Hace algunos años, tiempo después de los hechos ocurridos en Charlottesville, el mundo vio un vídeo viral de un hombre mayor de raza blanca que se arrepentía, pedía perdón y lavaba los pies de un joven de raza negra. Ese era Dennis. Lo que el mundo no ha visto es cómo este hombre ha hecho eso mismo todos los días con todas las personas que lo rodean, sin importar su raza o color de piel. Él lo vive y lo respira, y me alegra que ahora lo haya escrito. Recuerda que no todos lo hacemos bien siempre, pero el objetivo es entenderlo al fin.

Como hombre cristiano negro en los Estados Unidos, honro a Dennis, no sólo como esposo, padre y papá que ama a su propia familia sino también como alguien que ama a todas las razas por igual de tal manera que todos tenemos un poquito más del cielo en la tierra gracias a él. No hay mejor momento que el actual para este libro. Todos podemos ser únicos en la manera que Dios nos creó y aun así unirnos como uno; Dennis nos ayuda alumbrando ese camino.

—*Montell Jordan*
Artista Nominado a los Premios Grammy, Pastor,
Autor y Cofundador de Marriage Masterpeace

Capítulo 1

Punto de partida

*Nuestra nación está desesperada por sanidad... y
la Iglesia no puede permanecer en silencio. La raza
fue una idea de Dios. La reconciliación racial está
en el corazón del evangelio.* —Rick Warren

Las vías del tren que cruzaban el pequeño pueblo de Mc-Donough en Georgia marcaban tan claramente una división como lo hubiera hecho una pared de ladrillo. La gente blanca vivía hacia el norte y los negros hacia el sur. En la década del 60, cuando crecí en ese pueblo, había muy pocos hispanos o asiáticos, pero la cuestión racial era el tema más candente en todo ámbito, desde el gobierno federal hasta las conversaciones con amigos. La Ley de Derechos Civiles fue aprobada en 1964, y la Ley de Derecho al Voto, un año después. Los intentos por romper con la segregación en el país se enfocaron en las escuelas. El Congreso ordenó que hubiera mejores oportunidades educativas para los niños negros y la solución del estado fue llevar a los niños de una parte de la ciudad a otra en autobús. Cuando entré a octavo grado, fui seleccionado para asistir a la Escuela Westside High School, que hasta el momento había sido sólo para negros.

Llegar a la escuela cada día era un verdadero desafío. Debía tomar un autobús desde mi casa hasta las vías del tren y transferirme a otro autobús para realizar el segundo tramo que me llevaría a mi escuela. El primer día, al entrar en mi salón de clases me di cuenta de que, por primera vez en mi vida, formaba parte de la minoría. Sólo un pequeño grupo de niños se veían como yo.

Fue un año difícil para mí. Por primera vez en mi vida, pertenecía a una minoría. Los niños negros se burlaban de mí, me ponían apodos y me vi involucrado en muchas peleas. No era el único que tenía dificultades para encajar. A lo largo del año, la tensión se fue acumulando. El prejuicio de ambas partes se evidenció en burlas silenciosas, apodos hirientes, todo tipo de ofensas verbales y peleas físicas. Casi al llegar el final del año lectivo, el enojo acumulado explotó en una riña de proporciones escandalosas que llegó incluso a los noticieros nacionales.

La gota que rebalsó el vaso fue el enojo por las elecciones estudiantiles. Dado que la escuela era predominantemente negra, todos los puestos electivos en todos los niveles fueron obtenidos por candidatos negros. El director de la escuela quería, por lo menos, la apariencia de un equilibrio, para lo cual designó unilateralmente a un niño blanco como vicepresidente del concejo estudiantil. Lo que comenzó como una protesta frente a la escuela devino en algo mucho mayor. Algunos carros fueron dados vuelta y prendidos fuego, y surgieron grescas entre estudiantes blancos y negros. Finalmente, la policía llegó e intentó calmar los ánimos. Desde ese momento, muchas familias de blancos retiraron a sus hijos de las escuelas públicas y crearon escuelas privadas a lo largo y ancho del estado de Georgia. Muchas de estas escuelas se reunieron inicialmente en iglesias y utilizaron el mote de escuelas "cristianas".

Ese año, la iglesia Bautista a la que mi familia asistía, fundó una escuela privada y desde entonces, nunca más fui a una escuela con estudiantes negros. En un ambiente tan apartado, nunca me vi forzado a pensar profundamente en los prejuicios. Pasarían muchos años para que comenzara a pensar verdaderamente en el problema del racismo en los Estados Unidos.

Cuando me gradué del secundario, asistí a la Universidad de Georgia. En esa época, muy pocos alumnos eran negros, hispanos o asiáticos. Los jóvenes de mi fraternidad eran todos blancos, mis amigos eran todos blancos y casi todos en mis clases eran blancos.

Cinco años más tarde, luego de mi tiempo en Georgia, me mudé a New Jersey para comenzar un negocio. Seis meses después de haber fundado mi empresa, tuve un encuentro con Dios que cambió mi vida para siempre. Si bien no asistía a la iglesia en ese momento, sí comencé a leer mi Biblia. Mientras más leía, más me daba cuenta de que nunca había entendido verdaderamente el mensaje de Jesús, y cómo Él valoraba a todas las personas más allá de su raza o cultura. Finalmente, conocí a mi esposa Colleen y ambos sentimos que Dios nos guiaba a mudarnos a Richmond, Virginia, para ayudar en una pequeña plantación de iglesia. En ese momento, la congregación era de unas cincuenta personas, todas blancas. ¡Pero eso estaba a punto de cambiar!

Una sorpresa para todos

Colleen y yo queríamos hacer algo para que la gente nueva que se acercara a la iglesia se sintiera bienvenida así que, cada domingo, invitábamos a una persona o a una familia a almorzar con nosotros en nuestro pequeño apartamento. Un domingo por la mañana, una joven mujer negra llegó a la iglesia junto a tres niñitas de unos dos, cuatro y seis años de edad, respectivamente. Luego del servicio, Colleen y yo nos presentamos. La mujer respondió: "Yo soy Delise. Un gusto conocerles". Cuando la invitamos a nuestra casa para almorzar se mostró muy sorprendida y respondió que estaba encantada de ir. Le di instrucciones de cómo llegar a nuestra casa y unos momentos más tarde, ella y sus niñas estaban sentadas a nuestra mesa y Colleen nos sirvió el almuerzo.

Yo dije: "Permítanme agradecer al Señor por nuestros alimentos". Cuando comencé a orar, Delise comenzó a llorar. Me detuve inmediatamente y le pregunté: "¿Qué ocurre?"

Con sus niñas mirándola, y con lágrimas en sus ojos, dijo: "Simplemente estoy sobrecogida. Es la primera vez que he sido invitada a la casa de una persona blanca. He trabajado en casas para gente blanca, pero nunca había sido invitada a sentarme a la mesa con ellos".

En ese momento, me di cuenta de que nunca había entendido acabadamente el dolor que ella sentía en una sociedad prejuiciosa que había ubicado a la gente de raza negra en una posición de subordinación. No podía ni imaginarme lo que ellos enfrentaban. Su corazón se derritió por una simple invitación de parte nuestra y mi corazón fue quebrantado por el profundo dolor que ella experimentaba a diario. Surgió en mí una determinación de hacer algo al respecto, pero no tenía idea de qué podía hacer.

Cuando Delise y las niñas se retiraron después del almuerzo, Colleen y yo tuvimos una conversación de corazón a corazón acerca de lo que acababa de ocurrir. No podíamos solucionar la división racial en los Estados Unidos, pero podíamos asegurarnos de que Delise y sus niñas se sintieran bienvenidas en nuestra iglesia y nuestras vidas. En otras palabras, lo del almuerzo no sería una experiencia de "una vez en la vida," ni para ellas, ni para nosotros.

Supongo que nuestro almuerzo fue suficiente aliciente para que Delise y las niñas regresaran la semana siguiente a nuestra iglesia, y la siguiente, y así hasta que Delise llegó a unirse a nuestro grupo de alabanza. El primer domingo que ayudó dirigiendo la alabanza nos dejó sin palabras. No imaginábamos que pudiera cantar y tocar el piano tan bien. En cuestión de semanas, más gente de raza negra comenzó a asistir a nuestra pequeña iglesia, y así, sin planificarlo, nos volvimos un cuerpo multicultural.

Nos volvimos muy cercanos a la familia de Delise, e incluso, eventualmente, cuidábamos a las niñas cuando ella lo necesitaba. Cuando Colleen y yo nos casamos, unos meses más tarde, Andrea, la hija del medio de Delise, fue la niña que llevó las flores en nuestra boda.

El resto de la historia es que Delise se casó con un hombre blanco de nuestra iglesia y se mudaron juntos a Nashville a desarrollar una carrera musical junto a sus hijas. Unos años más tarde, sus tres hijas formaron el renombrado grupo cristiano llamado "Out of Eden" y grabaron varios discos que bendijeron a mucha gente.

Haber recibido a Delise y sus niñas para compartir aquel almuerzo fue un punto crucial en nuestras vidas. Desde ese día en adelante, Colleen y yo comenzamos a desarrollar amistades con cada persona de raza negra o hispana que llegara a nuestra iglesia. Formamos parte de un grupo pequeño que era liderado por un matrimonio de raza negra, Pete y Minnie Edmonds, quienes fueron nuestros mentores. Algunos años antes, tal vez hubiese evitado acercarme tanto a gente negra, pero ahora mi esposa y yo nos estábamos sujetando voluntariamente a gente negra para que nos lideraran. Esto fue un punto crucial para nuestra iglesia también, porque, por primera vez, había blancos sujetándose a negros.

Un tipo distinto de iglesia

Siete años más tarde, en 1990, luego de habernos graduado del Instituto Bíblico, nos mudamos nuevamente a mi estado natal, Georgia, donde comenzamos una iglesia en Norcross, un suburbio de Atlanta. Al comenzar nuestra iglesia le pedí a Dios una visión clara de lo que Él quería lograr en nosotros y a través nuestro. Él nos direccionó al pasaje en el libro de Hechos donde Lucas registra las palabras finales de Jesús antes de ascender al cielo: "Pero recibirán poder cuando el Espíritu Santo descienda sobre ustedes; y serán mis testigos, y le hablarán a la gente acerca de mí en todas partes: en Jerusalén, por toda Judea, en Samaria y hasta los lugares más lejanos de la tierra" (Hechos 1:8 NTV). Al meditar en ese verso, sentí que Dios nos decía que iba a construir una iglesia sobre cuatro pilares que serían el fundamento de nuestra visión: Jerusalén representaba el concepto de "construir familias fuertes", Judea representaba "transformar nuestra comunidad", Samaria representaba "reconciliar culturas", y los confines de la tierra representaban "misiones mundiales". Estaba maravillado porque nunca había notado que Jesús había incluido el concepto de reconciliación cultural en la Gran Comisión, pero siempre estuvo allí. Al estudiar el trasfondo de la comisión de Jesús para la iglesia, descubrí que los samaritanos eran los archienemigos de los judíos. Los dos grupos sospechaban los unos de los otros, se sentían superiores al otro y se evitaban mutuamente. Era muy similar a las tensiones raciales que vemos en nuestro país actualmente.

En el primer siglo, Samaria no era simplemente un punto en el mapa. Cuando los judíos hablaban de Samaria, sus palabras iban cargadas de odio y repulsión. Los Samaritanos eran considerados mestizos, descendientes de los judíos que habían sido dejados atrás durante la cautividad Asiria y de asirios que ocuparon la tierra. Los judíos los odiaban. De hecho, cuando viajaban de Galilea a Jerusalén, muchos hacían una gran vuelta para evitar pasar por Samaria. Pero Jesús no hizo eso. En uno de sus viajes se encontró con "la mujer del pozo". Ella era particularmente rechazada por los judíos porque además de samaritana, era mujer y adúltera. Pero en su última instrucción a sus discípulos, Jesús les dice específicamente que fueran a Samaria, a ocuparse de los samaritanos, a incluirlos en la nueva iglesia … porque Dios los amaba. Me imagino a los discípulos mirándose entre sí y murmurando: "¿Está bromeando? ¡Cualquiera menos ellos!". Pero Jesús dejó claro que Él quería que ellos fueran donde otros no deseaban ir.

La visión de Jesús para la iglesia era la de un lugar donde cualquier persona fuera bienvenida, sin importar su raza, cultura o historia. Era el lugar donde la gente podía ser perdonada de su pasado y comenzar a vivir su futuro con el amor y la guía de Dios. Él sabía que sería difícil porque la historia estaba llena de conflictos entre culturas, pero explicó que, cuando la gente verdaderamente cree en Él y está dispuesta a someterse a Él, sus corazones son transformados. Sus vidas entran en una nueva dimensión de amor que no sabían que existía. La reconciliación cultural sólo puede ocurrir cuando la gente es transformada por el amor de Dios. Es muy difícil de entender si la gente no ha sido transformada de adentro hacia afuera por la gracia de Dios. Si nuestros corazones no han sido cambiados al punto de amar a quienes antes evitábamos, continuaremos viviendo con mentes sospechosas, corazones heridos y hábitos que nos mantienen separados.

Al continuar leyendo el libro de los Hechos, noté que la iglesia fue multicultural desde el principio. Cuando ciento veinte de los seguidores de Jesús se reunieron a orar en el aposento alto, Dios había traído a todas las naciones del mundo a Jerusalén. Mientras los discípulos oraban, de repente comenzaron a hablar en lenguas que representaban a toda la gente que se encontraba en las calles. Fue un fenómeno sobrenatural que captó la atención de gente de todas las naciones. Ese día, tres mil personas de entre ellos creyeron en Jesús y se convirtieron en los primeros miembros de la iglesia del Nuevo Testamento. ¡Los primeros cristianos conformaron una iglesia multicultural y multigeneracional que dio vuelta el mundo! Todavía me cuesta imaginarme cómo habrá sido ver a las distintas culturas reunirse en las casas de los unos y los otros, compartir tiempo con sus familias y compartir el pan. Desde el principio, la iglesia fue el lugar donde se modelaría la reconciliación racial y cultural para que el mundo la viera.

La historia de Jesús que cambia vidas comenzó con su inclusión de gente de todas las culturas y terminará de la misma forma. El Apocalipsis de Juan puede ser una parte atemorizante e intrigante de la Biblia, pero necesitamos prestar atención a lo que será nuestro destino final. Juan nos da un vistazo del futuro: "Después de esto vi una enorme multitud de todo pueblo y toda nación, tribu y lengua, que era tan numerosa que nadie podía contarla. Estaban de pie delante del trono y delante del Cordero. Vestían túnicas blancas y tenían en sus manos ramas de palmeras" (Apocalipsis 7:9 NTV).

Nuestra iglesia fue fundada con la convicción de que lo que ocurrió en Jerusalén aquel día debería ocurrir hoy en nuestra iglesia y en las iglesias alrededor del mundo. Unir a las razas con el amor de Dios como elemento unificador no debería ser algo extraño o inusual; debería ser de lo más común.

La pregunta sigue siendo la misma: ¿Es normal? ¿Se siente completamente aceptada y cómoda la gente de color cuando entra en una iglesia llena de blancos? ¿Los blancos se sienten amados y aceptados cuando entran a una iglesia donde predomina gente de otra raza? De lo contrario, puede que nuestra preferencia racial sea más importante que el Reino de Dios.

El amor de Dios —el verdadero, no sólo lo que decimos— tiende puentes en las divisiones raciales y nos ayuda a identificarnos con aquellos que no nos quieren, que no hablan como nosotros, que no piensan como nosotros y que no comen como nosotros. Cuando nuestra iglesia comenzó, estaba seguro de que ésta era una prioridad en el corazón de Dios y me puse la meta de tener representadas a cien nacionalidades. Hoy, tenemos gente de 142 países involucrada en nuestra iglesia. Al ver a la multitud veo una muestra de lo que Pedro vio al predicar en Jerusalén en ese día crucial en la historia, y pruebo un poco de lo que será estar de pie frente al trono con una multitud de hermanos y hermanas de todo el mundo.

El lema de nuestro país es *e pluribus unum:* de muchos, uno. Y es lo que Dios quiere de quienes creemos en Él. De muchas naciones, de muchos trasfondos, de muchas orientaciones políticas, Dios nos hace uno.

Dos culturas

En toda iglesia existen dos culturas y la preponderante es aquella por la cual es conocida la iglesia, en particular por personas de distintas razas. La *cultura terrenal* es el reflejo de las metas de la gente en la comunidad. Busca el poder, desea dominar, está hambrienta de atención, sólo se preocupa por los de su tipo y, por ende, divide a la gente por raza, clase, género y edad. La *cultura de*

Reino es el polo opuesto. Cede el poder: Jesús dijo que si querías ser grande, debías servir a todos. Es al revés: los últimos serán los primeros y los primeros serán los postreros. No depende de la inteligencia, las ansias de dominar, o el poder del dinero; sino que valora la amabilidad, compasión y la justicia para los oprimidos. Una cultura de Reino une a la gente en torno a la experiencia común de la incomparable gracia de Dios.

La mayoría de las iglesias habla acerca del Reino de Dios, pero su ADN es el de una cultura terrenal. Al caminar por sus pasillos vemos congregaciones homogéneas, no la amplia diversidad que se veía en Jerusalén ni la que veremos en el fin de los tiempos. Claramente, la uniformidad elimina tensiones y genera comodidad, pero también elimina oportunidades de brillar como faros de amor en un mundo roto y desesperanzado.

Gente blanca, déjenme preguntarles: Cuando gente de tez trigueña o negra va a tu iglesia, ¿regresan? ¿Traen a sus amigos porque se sienten amados allí?

Gente de color, cuando vienen personas de raza blanca a tu iglesia, ¿regresan? ¿Acaso traen a sus amigos porque se sienten amados?

En el reino, el objetivo final no es la comodidad. Jesús se entregó por gente que no se parecía en nada a Él. ¿Qué tan cómodo fue sufrir la ridiculización, la flagelación, la corona de espinas y la cruz? Por el tremendo amor que tenía por aquellos que no éramos como Él —tú y yo— se puso a sí mismo en situaciones extremadamente incómodas. La disposición a sufrir por otros, o por lo menos a estar algo menos cómodos con tal de demostrar nuestro amor por otros, es una señal de Su reino.

¿Requiere esfuerzo de parte de los líderes de la iglesia crear una cultura de reino? Por supuesto. Debemos estar pendientes de nuestras palabras, nuestros ejemplos y nuestra selección de canciones. Debemos considerar cómo impactan en las personas de todas las razas y clases, los rostros de las personas que suben al escenario y todos los aspectos de la reunión en sí misma. Por ejemplo, cuando hablo acerca del plan de Dios para toda la familia, no puedo suponer que todo el público pertenece a una familia blanca, intacta, de clase media-alta. Sé que estoy hablando a un abanico más amplio de situaciones familiares, por lo cual presento diversos ejemplos y aplicaciones más inclusivos¿

Requiere valor de parte de los individuos, llevar adelante una cultura de reino? Por supuesto. Es más fácil y seguro pasar el tiempo con gente similar a nosotros, pero toma trabajo entender a gente que es distinta a nosotros. ¿Cuáles serán sus sueños? ¿A qué le temen? ¿Cómo les impacta lo que ocurre en las noticias? ¿Sabemos algo al respecto? ¿Estamos dispuestos a escuchar? ¿Nos importa siquiera?

Altos y bajos

En nuestro intento de crear una cultura de reino en nuestra iglesia, hemos tenido muchos altos y bajos. Algo que he notado en los años que llevo pastoreando una iglesia multicultural es cómo las diferentes razas ven el concepto de la reconciliación. La gente de color ha tenido que adaptarse a un mundo donde la mayoría es blanca. Cuando visitan nuestra iglesia se alegran de finalmente ser recibidos en una iglesia que los valora tanto como a cualquier otra persona. Muchas personas de color que tenían sus precauciones con respecto a la gente blanca en posiciones de autoridad, han decidido trabajar en resolver heridas de su pasado y superar sus problemas de confianza. Desean formar parte de esta hermosa historia de reconciliación. Muchos blancos, hispanos y asiáticos han dicho: "¡Increíble! ¡No sabía que hubiera un lugar donde la gente blanca realmente nos quiere!".

He visto cómo, cuando gente de color asiste a iglesias dirigidas por un pastor blanco y se siente amada, puede ser una experiencia profundamente sanadora. Siente que gana algo al estar allí. Pero cuando gente blanca asiste a una iglesia liderada por un pastor negro, siente que está perdiendo algo de sí por estar allí —sus tradiciones, su comodidad, su identidad—. Los blancos están acostumbrados a estar en control, encima, en una posición de poder, entonces, cuando no lo están, se sienten incómodos. Es por eso que, a veces, resulta más difícil para los blancos participar en una iglesia multicultural que para la gente de color.

A lo largo de los años, he disfrutado de ver el brillo en los ojos de la gente al hablar acerca de la cultura de Reino y al llamar a la gente a amar a quienes son distintos a ellos mismos. Pero, al mismo tiempo, me ha roto el corazón ver dos cosas: la apatía de muchos en la comunidad blanca y la ira que a veces sobrecoge a las comunidades de color. Estoy seguro de que debe haber una cantidad importante de blancos enojados, pero no suelen venir a nuestra iglesia, y seguramente hay muchos negros apáticos, pero, a mi modo de ver, eso suele ser más una expresión de depresión que de apatía. A lo largo de los años, ha sido difícil ver cómo, muchos de mis amigos y pastores blancos, han huido cuando se comienzan a generar tensiones. He visto mucha más gente preocupada en protegerse a sí misma que gente dispuesta a involucrarse en la lucha. Algunos pastores blancos me han dicho: "Si hablo mucho o me involucro mucho en temas de reconciliación racial, mucha gente se irá de mi iglesia y perderé muchos de mis amigos". Por otra parte, también he oído la frustración y el enojo de los negros acerca de la lentitud de los cambios y la falta de voces blancas insistiendo en una finalización inmediata del racismo. Algunos líderes negros me han dicho que ya se han rendido en sus esfuerzos de trabajar con gente blanca y que se enfocarán en sanar a sus propias comunidades.

Todo esto no hace más que perpetuar el problema. Los líderes que abdican su responsabilidad de ser agentes de reconciliación dejan un vacío en la sociedad que eventualmente polariza, hasta llegar a las situaciones que vemos en la actualidad. Grupos marginales ocupan ese vacío y crean ambientes de temor e intimidación, que no hacen más que agravar el problema. Para peor, vemos vídeos en las noticias y las redes sociales que magnifican y publicitan las acciones de estos grupos marginales, atemorizando a la gente con respecto a lo que pueda ocurrir en el futuro. En un momento crucial como este la iglesia no puede permanecer callada. El mundo está buscando liderazgo.

En las iglesias de una sola raza, es fácil encontrarte con gente que está de acuerdo con tu postura con respecto a la violencia con armas, la solución a la pobreza, las políticas migratorias, el sistema de salud y tantos otros temas. Pero en una iglesia multicultural, la persona a tu lado puede tener opiniones muy distintas a las tuyas. La cercanía nos obliga a detenernos, escuchar y tratar de entender la posición del otro. Mientras ocurrían estas convulsiones a nivel nacional, alborotos, asesinatos, excusas poco convincentes, la gran mayoría de nuestra iglesia tuvo el valor de permanecer y trabajar para resolver las diferencias. Admiro su tenacidad y el amor por los demás en la iglesia.

Respuestas fuera de la iglesia
Hace algunos años, fui invitado a hablar a un grupo de funcionarios locales en el condado donde nuestra iglesia está ubicada. El

condado llevaba varios años en un proceso de cambio demográfico importante, llegando a ser el segundo condado más multicultural de los Estados Unidos. El área había sido predominantemente blanca durante muchos años, pero estaba experimentando lo que muchos llaman el "vuelo blanco," donde muchas familias blancas comenzaron a mudarse hacia el norte y el oeste a comunidades que no estaban integradas bajo ningún punto de vista. Los funcionarios del condado estaban ante un desafío porque la mayoría de los puestos de gobierno todavía eran ocupados por blancos. Los líderes deseaban que compartiera la experiencia de nuestra iglesia de aprender a adaptarse al nuevo ambiente.

Luego de compartir, desde un punto de vista bíblico, lo que sería necesario para ayudar a que la gente se llevara bien y pudiera crecer en unidad, quedó claro que había dos puntos de vista con respecto a lo que acababa de plantear. Al finalizar mi charla, los pocos funcionarios de color que se encontraban en el lugar fueron los primeros en acercarse a saludarme y agradecerme. Creo que fue la primera vez que los funcionarios del condado trataron el tema con este enfoque. Pero también noté que los líderes blancos parecían estar luchando con parte de mi mensaje. Al finalizar, se retiraron del lugar sin emitir palabra. Fue una respuesta típica de la lucha de poder que vemos hoy en los Estados Unidos. Más tarde, algunos líderes blancos me llamaron para decirme que estaban de acuerdo con lo que había compartido, pero que no se sentían cómodos expresándolo delante de sus amigos. Hoy, el condado tiene un comisionado negro por primera vez en la historia y finalmente veo progreso en ese sentido. La lección que aprendí es que, a veces, debes estar dispuesto a decir la verdad con amor y permitir que Dios haga la obra que sólo Él puede hacer en los corazones de las personas.

A veces pareciera que no se está logrando nada, pero Dios está trabajando detrás de escena haciendo lo que ningún hombre puede. En mi experiencia, el amor de Jesús es lo único que puede cambiar la forma de pensar y de actuar de la gente.

La gente muchas veces trata de encasillarme: de derecha o de izquierda, demócrata o republicano. En este libro, no estoy simplemente recomendando una mezcla de dos puntos de vista políticos. Estoy ofreciendo un tercer punto de vista, nada diluido, sin concesiones, sino basado en la firme convicción de que una cultura de Reino valora la responsabilidad personal y la compasión para con todos, especialmente para aquellos que han sido dejados de lado por la sociedad. No dudes en cuestionar mis ideas. Es en esos intercambios donde aprendemos y crecemos.

Al final de cada capítulo encontrarás algunas preguntas que están diseñadas para reflexionar a nivel personal y para discutir en grupos. El objetivo no es hojearlas a la mayor velocidad posible. Es deseable que puedas tomarte el tiempo necesario para usar estas preguntas para meditar en lo que has leído.

Para pensar

¿Cuáles son tus experiencias, positivas y negativas, con gente de otras razas y culturas?

¿Quién, de las personas que conoces, refleja de la mejor manera el amor de Jesús por aquellos que son distintos a sí mismo? ¿Piensa si esa persona te inspira, te confunde o te molesta? Explica tu respuesta.

¿A qué punto consideras que tus experiencias han creado una cultura terrenal en tu familia y entre tus amigos? ¿A qué punto han creado una cultura de Reino?

¿Acaso es el amor de Jesús tan real en ti como para superar tu prejuicio racial natural? Explica tu respuesta.

¿Qué esperas obtener a partir de este libro?

Capítulo 2

"¡No es justo!"

Una persona que ama vive en un mundo amable. Una persona hostil vive en un mundo hostil. Cada persona que encuentras es un espejo que te refleja a ti mismo. —Ken Keyes, Jr.

Hace algunas décadas, las personas podían diferir en cuanto a las políticas sociales y ser grandes amigos que compartían tiempo juntos. En la década del 1980, el líder demócrata de la mayoría en la Cámara de Diputados de los Estados Unidos, Tip O´Neill solía frecuentar la Casa Blanca y disfrutar de un tiempo relajado de amistad con el presidente Ronald Reagan del Partido Republicano. Actualmente encontramos muy pocas amistades entre personas que se encuentran en lados opuestos de la división social y política. En un artículo de opinión publicado en el *New York Times,* el periodista Thomas Edsall dice:

> La hostilidad hacia el partido opositor y sus candidatos ha alcanzado un punto donde el desprecio motiva más a los votantes que la lealtad. (...) La fuerza de la antipatía partidaria —partidismo negativo— ha cambiado radicalmente la política. El enojo es la principal herramienta para motivar a los votantes.[1]

---

1 "What Motivates Voters More than Loyalty? Loathing," Thomas Edsall, *New York Times*, Marzo 1, 2018, *https://www.nytimes.com/2018/03/01/opinion/ negative-partisanship-democrats-republicans.*

En un editorial de Fox News, Salena Zito comenta:

> La hostilidad de la política en Washington ha escalado notablemente desde fines de los años 1990, cuando se le dio mucha pantalla en la televisión por cable con ciclos de noticias de 24 horas. En los últimos diez años, el surgimiento de las redes sociales impulsó aún más las burlas y la destrucción.[2]

El problema no es que disintamos en temas como la inmigración, DACA (Acción Diferida para los Llegados en la Infancia), salud social, políticas impositivas, retiro de tropas y tantos otros. El problema es que pensemos que quien no está de acuerdo con nosotros es un necio.

Guerra de clases

El sociólogo Arlie Russell Hochschild quería estudiar la paradoja de que mucha gente, en particular gente blanca, que necesitaba asistencia del gobierno se oponía fuertemente a la mera existencia de la misma. Estudió un grupo de gente en Louisiana y encontró que sus quejas se centraban en tres factores: salarios planos o descendentes, cambios demográficos veloces, y las burlas que sufrían por parte de las élites liberales por su fe en Dios y su lealtad a los ideales Americanos. Una frase particular que llegó a ser el título de su libro es: *Extraños en su Propia Tierra*. Dos frases más forman parte de sus conclusiones: "saltarse la fila" y "la historia profunda.

Cuando Barack Obama fue electo Presidente, muchos creyeron que los Estados Unidos estaba a punto de lograr un avance definitivo en las relaciones raciales. Hochschild encontró

---

2   "Salena Zito: Elites are the ones who are dividing America", Salena Zito, Fox News, Octubre 7, 2018, *https://www.foxnews.com/opinion/salena-zito-elites-are-the-ones-who-are-diviging-america*

exactamente lo opuesto. Al escuchar a la gente, encontró una analogía que describía el punto de vista de los entrevistados, que consideraban que había algo que estaba mal y que era injusto. Ella lo ilustraba así:

"Tú te encuentras esperando pacientemente en una larga fila" para alcanzar algo que llaman el sueño americano. Eres blanco, Cristiano, de recursos modestos y vas sobrellevando los años. Eres hombre. Hay gente de color detrás tuyo, y, "en principio, tienes buenos deseos para con ellos". Pero llevas años esperando, llevas años trabajando, y ves que "la fila prácticamente no se mueve".

Entonces, "¡Mira! ¡Ves gente que se está saltando la fila delante tuyo! Tú estás siguiendo las reglas. Ellos no. Al adelantarse en la fila, sientes que estás siendo empujado hacia atrás. ¿Cómo pueden hacer eso?". ¿Quiénes son? "Algunos son negros," otros "inmigrantes, refugiados". Reciben la acción afirmativa, solidaridad y asistencia social —"cheques para los apáticos y ociosos"—. El gobierno quiere que tú sientas lástima por ellos.

¿Y quién dirige el gobierno? "El hijo mestizo de una madre soltera", y él mismo está animando a los que se están saltando la línea. "El Presidente mismo y su esposa son gente que se saltó la línea". Los medios liberales se burlan de ti presentándote como racista y homofóbico. Mires a donde mires, "te sientes traicionado".

Cuando compartió este concepto con la gente en su estudio, uno dijo: "Has leído mi mente". Otro "a diario vivo lo que relata tu analogía". Se sienten como extraños en su propia tierra.

Las emociones inflamadas por esta perspectiva forman lo que llama "la historia profunda" —creencias que son más poderosas que los hechos, sin importar qué tan claros puedan ser los hechos o cuán a menudo sean presentados—. Entre este grupo de gente, en general de blancos de clase media, se ha enraizado el resentimiento y la sospecha. Uno comentó: "El gobierno se ha vuelto corrupto y malvado. No puede ayudar a nadie"[3]. El estudio de Hochschild se encontraba en su fase final durante la elección presidencial del año 2016. Para ella resultaba obvio que el candidato Donald Trump estaba logrando representar a gente en todo el país que compartía la visión de los individuos entrevistados en su estudio. Millones de personas compartían la retórica de que estaban siendo tratados injustamente y de que era tiempo de cambiar todo el sistema.

Cuando ves y escuchas los programas de noticias conservadores, escuchas estas frases repetidas con mucha emotividad y convencimiento. Muchos blancos se sienten víctimas de las leyes impías que están siendo aprobadas en Washington, impulsadas por el progresismo y respaldadas por los medios liberales. Pero ese es sólo un lado de la grieta. Muchos negros también sienten que son víctimas. Por supuesto que tienen razones históricas para llegar a la conclusión de que han sido tratados injustamente. La esclavitud, las leyes de Jim Crow, la discriminación en materia de vivienda, pobreza endémica y las "micro-agresiones" se han combinado para generar esta sensación de ser víctimas. Algún comentarista planteó que la "mentalidad de víctima" es uno de

---

3   Arlie Russel Hochschild, *Strangers in Their Own Land* (Nueva York, The New Press, 2016), p.137, 145.

los cinco principales problemas que enfrentan los negros en Estados Unidos.

Nada detiene tanto a una persona como el sentirse una víctima. ¿Por qué? Porque una víctima no es responsable de su situación. Todo es culpa de alguien más. Y la víctima no ve posibilidades de mejorar su propia vida. ¿Cómo podría avanzar si alguien lo está reteniendo? Todo esto hace que la víctima sea infeliz, y viva frustrada y enojada.[4]

El incremento de la depresión y la ansiedad en los jóvenes de los Estados Unidos es alarmante. Cuando la gente se identifica como víctima, esta perspectiva permea cada área de su vida, y limita su esperanza en el futuro. Desafortunadamente, los políticos a menudo utilizan la victimización para fomentar el enojo y la frustración entre sus seguidores. El lado opuesto reacciona con desprecio, lo cual impulsa aún más el resentimiento en ambos lados, y el respeto mutuo continúa su espiral descendente.

La conclusión de que la vida es injusta ha penetrado nuestra sociedad. Lo encontramos entre los blancos, negros, hispanos, asiáticos, nativos americanos, ricos y pobres, jóvenes y mayores, norteños y sureños, élites de las costas y gente del medio-oeste. Demasiado a menudo los blancos creen que los demás están "quitándonos nuestro país", y la gente de color siente la profundidad del resentimiento blanco y responde con su propia sospecha y enojo. Muchos negros creen que los blancos no quieren que ellos prosperen y se eleven en la sociedad porque ven a la prosperidad como un "juego de suma cero": Si los negros avanzan, el poder de los blancos, necesariamente, decrece. Por su parte, los blancos creen que los negros tienen muchas oportunidades. (De hecho,

---

4   "The Top 5 Issues Facing Black Americans", Taleeb Starkes, *https://assets.ctfassets.net/ qnesrjodfi80/4WUqhyzxkQK2eu2asoYwgW/daebd0b44042027fb15cac0053bd127e/starkes-the_ top_5_issues_facing_black_amercians-transcript.pdf*

según los descubrimientos de Hochschild, creen que tienen una cantidad injusta de oportunidades). En una conversación, un hombre me dijo: "La esclavitud terminó hace 150 años. Si todavía están enfrentando dificultades, es su culpa. Si trabajaran más duro, se educaran y tomaran mejores decisiones, se encontrarían mucho mejor. Tienen las mismas oportunidades que nosotros".

Intenté recordarle que la Reconstrucción después de la Guerra Civil fracasó y que los estados del sur fueron gobernados por oficiales y soldados que habían luchado para la Confederación. Los estados aprobaron leyes que dejaron a los negros en posiciones apenas por encima de la esclavitud. Estas leyes llamadas "leyes de Jim Crow" institucionalizaron la supremacía blanca con la segregación en las escuelas, los negocios, el mercado laboral, el transporte y los restaurantes, y restringieron fuertemente el derecho al voto.[5] Estas leyes siguieron vigentes hasta 1968 y los efectos de casi cien años de discriminación apoyada por el estado todavía permanecen. La expresión en su rostro me demostró que no le interesaba la lección de historia. Simplemente insistió en que no había ningún tipo de discriminación hacia la gente de color, en particular hacia los negros: "Si un joven negro recibe un disparo de la policía, no debiera haber contestado de la manera en que lo hizo, no debiera haber llevado puesta una capucha, y simplemente no tendría que haber estado en ese lugar. Podría haber evitado el problema si se hubiera comportado de otra manera". La gente blanca que piensa como él, cree que los negros son sus propios enemigos. En otras palabras, si tienen problemas, es culpa de ellos mismos.

La percepción en la comunidad negra es totalmente distinta. La mayoría de los padres negros que conozco son muy cuidadosos

---

5   Para más información, véase "Jim Crow Laws," 21 de Febrero, 2020, History.com, *https://www. history.com/topics/early-20th-century-us/jim-crow-laws*

en enseñar a sus hijos cómo deben actuar ante la policía. Les dicen: "Si una patrulla te detiene en la carretera o cuando estás caminando, ¡haz lo que te pidan inmediatamente! No discutas. No pongas excusas. Simplemente haz lo que te digan. No quiero que te maten". Muchos jóvenes negros viven atemorizados de que estar en el lugar incorrecto, en el momento incorrecto o decir algo a la persona incorrecta puede terminar con sus vidas. Los padres negros y sus hijos también se sienten extraños en su propia tierra.

Muchos blancos temen estar perdiendo la batalla cultural, porque los liberales están avanzando y arruinando todo lo que ellos valoran y reduciéndolos a ciudadanos de segunda clase. Sienten que su arduo trabajo y sus impuestos están yendo hacia minorías y a financiar la caída de los Estados Unidos. Temen que los negros vayan a moverse a sus ciudades, tomar control de sus comunidades y llenar barrios saludables de crimen, drogas y pandillas. Es por eso que, cuando los negros empiezan a mudarse a los vecindarios (principalmente barrios de clase media y baja), los blancos comienzan a migrar porque temen el daño físico y que sus viviendas comiencen a perder valor. Temen que los hispanos conviertan su vecindario en un "pequeño México", ondeando banderas mexicanas, abriendo restaurantes mejicanos y hablando solamente en Español. Creen que la cultura mejicana tomará el control, creando una "América Mejicana" dentro de "América". La predicción de que los blancos llegarán a ser una minoría en los Estados Unidos en 2045 no ayuda a tranquilizarlos.

Los blancos muchas veces se sienten superiores a las demás razas y etnicidades, lo cual los hace creer que el gobierno y el resto de la gente debiera tratarlos con mayor respeto. Cuando no lo hacen, y cuando sienten que hay fuerzas que conspiran contra ellos, se ven como víctimas, víctimas superiores, lo cual suena extraño, pero sirve para describir a la perfección su sentimiento.

La gente de color teme que nunca tendrá la oportunidad de prosperar en el país. Ya sean negros, hispanos, asiáticos o nativos americanos, sienten que siempre estarán viendo desde afuera el sueño americano. Para más, los negros muchas veces son hostiles con los hispanos porque creen que los inmigrantes están quitándoles oportunidades laborales. Y hoy, los hispanos superan en número a los negros. En muchas comunidades, hace algunas décadas, prácticamente no había hispanos, pero hoy han llegado a ser el segundo grupo étnico más numeroso. Y pronto superarán a los blancos en muchas comunidades. En Texas, la proyección indica que los hispanos superarán a los blancos demográficamente en el año 2022.[6]

La gente de color lee reportes, escucha a los políticos y ve las noticias, y ha concluido que los blancos realmente no los quieren aquí, aunque hayan nacido aquí. Han sido ciudadanos de segunda clase (o quizás directamente indocumentados), y temen que siempre serán despreciados y no deseados. Las imágenes de blancos con antorchas, marchando y cantando frases llenas de odio les hacen preguntarse cuántos habrá que no marchan, pero sí sienten el mismo desprecio. El lenguaje y las acciones de algunos blancos hacen que la gente de color se sienta "menos que", despreciados y descartables. Viven a diario con un profundo sentimiento de inferioridad. Los hogares de padres solteros producen más hogares de padres solteros, el abuso de drogas lleva a mayor abuso de drogas, y la pobreza lleva a más pobreza. El ciclo parece interminable y desesperanzador.

---

6   "When will Latinos outnumber whites in Texas? Experts have a new prediction," Jim Cowan, *Dallas News,* Junio 21, 2018, *https://www.dallasnews. com/business/2018/06/21/when-will-latinos-outnumber-whites-in-texas-experts- have-a-new-prediction/*

Entre la gente de color, la desesperanza es epidémica. La pobreza, la falta de educación, las familias quebradas, la adicción, las altas tasas de criminalidad les hacen creer que las drogas, las pandillas y el crimen son las únicas formas de sobrevivir. Hace unos años conocí al hijo de un amigo. El jovencito tenía sólo 15 años, pero ya se encontraba luchando con la drogadicción. Me contó que había comenzado a vender drogas a los 13 años y que "se enganchó" con la heroína. Había abandonado el colegio y estaba inmerso en un estilo de vida vacío y autodestructivo, pero no veía forma de salir. Traté de animarlo a tomar mejores decisiones y a ver un futuro brillante, pero fui desafiado por su respuesta. Me explicó que su padre era un mejicano que se encontraba en prisión, y su madre estaba tan deprimida que no podía sostener un empleo para proveer para su familia. Me dijo, convencido, "La única forma de sobrevivir que tengo es vender droga. No tengo otra opción". Cuando lo escuché, comencé a sentir su dolor. Entendí que había, literalmente, miles de jóvenes como él que no ven ninguna otra salida a su pobreza y dolor. También entendí lo fácil que es para mí sentarme cómodamente en mi sillón desde mi vecindario acomodado y ver cómo estas historias aparecen en el noticiero sin enterarme del trasfondo.

Afortunadamente, la historia de este joven tiene un final feliz. Ingresó en un programa de recuperación de las adicciones y comenzó a vivir con una tía que lo ayudó a rendir los exámenes GED (exámenes de equivalencia de nivel secundario) y a conseguir trabajo. Sin embargo, muchas de las historias de este tipo no terminan tan bien. La desesperanza impulsa un ciclo interminable de decisiones autodestructivas.

La belleza y el desafío

"Una nación, bajo Dios, indivisible, con libertad y justicia para todos". El Juramento de Lealtad es una declaración poderosa de nuestra identidad nacional, pero en este su libro, *American Nations* (Naciones Americanas), Colin Woodward dice que es más complicado de lo que parece. Afirma: "Las divisiones más fuertes en los Estados Unidos no tienen que ver con estados rojos o azules, conservadores o liberales, capital o trabajo, blancos o negros, fieles y seculares. Más bien, las divisiones surgen del hecho de que los Estados Unidos son una federación que comprende once naciones regionales, algunas de las cuales no pueden ni verse con otras ... Cualquier esfuerzo por "restaurar" los valores fundamentales estadounidenses se encuentra con un obstáculo aún mayor: Cada una de las culturas que conforman los Estados Unidos tiene su propio conjunto de principios apreciados, y muchas veces son contradictorios entre las distintas culturas"[7].

A lo largo de la historia, nuestro gobierno ha tratado de resolver las diferencias, con algunos éxitos y muchos fracasos. Nuestra diversidad es parte de lo que hace de los Estados Unidos un país tan maravilloso. La gente que ha llegado a nuestras costas a lo largo de la historia, ha sido gente brillante, motivada y optimista —tenían que ser muy valientes para dejar sus hogares y todo lo que conocían para venir— y han creado una dinámica increíble en nuestro país. Pero sus diferencias también generaron desafíos que, no siempre han sido resueltos con justicia y sabiduría. Hemos expulsado sistemáticamente a los nativos americanos de sus tierras, esclavizado a más de cuatro millones de negros, y cuando los liberamos aprobamos leyes para controlarlos y usarlos, hemos hecho de los inmigrantes del sur de Europa poco más que siervos,

---

7   Colin Woodward, *American Nations* (New York: Penguin, 2011), Introducción.

y hemos limitado severamente la inmigración entre 1924 y 1965. Aun así, los Estados Unidos han sido un faro de esperanza para la gente de todo el mundo. Hemos sido el "arsenal de la democracia", y el sueño de millones que anhelan una vida mejor.

Hemos enfrentado profundas divisiones en el pasado; la más notoria en las décadas de 1850 y 1860 cuando el Norte y el Sur no pudieron ponerse de acuerdo para terminar con la esclavitud. En ese tiempo, como en la actualidad, la animosidad y la desconfianza ahogaron al sentido común. Mucha gente no sabe que los Estados Unidos fue aislacionista en la década de 1930. Mucha gente en este país estaba luchando para sobrevivir los coletazos de la Gran Depresión y la gran sequía. Mientras Europa se deslizaba hacia la guerra y la Alemania Nazi fagocitaba naciones, mucha gente creía que podíamos mantenernos fuera del conflicto que se aproximaba. Cuando los japoneses bombardearon Pearl Harbor, sin embargo, movilizamos nuestras industrias y nuestros soldados para ganar la guerra. La calamidad trajo unidad e impulsó la acción.

¿Seremos capaces de encontrar una forma de tender puentes sobre la profunda grieta en nuestro país sin necesidad de enfrentar eventos catastróficos?

El rango de respuestas

En infinidad de conversaciones con gente a lo largo del país en las últimas tres décadas, he visto un rango de respuestas a problemas relacionados con lo racial. Algunas respuestas eran radicales, abierta y orgullosamente insistentes en la supremacía blanca, o igualmente orgullosas y convincentes demandas de empoderamiento de los negros. Muchas respuestas fueron moderadas, con la filosofía del "vivir y dejar vivir", pero que ocultan una fuerte preferencia racial. Y otras expresaban el sentimiento de que cualquier tipo de racismo está mal, pero sin la claridad o el valor necesarios para tomar una posición por temor a las posibles consecuencias de parte de los radicales e incluso de los moderados.

En los últimos años hemos escuchado muchas veces la frase: "Hacer que los Estados Unidos vuelvan a ser grandiosos," pero esta declaración significa cosas muy distintas para distintas personas. Como hemos visto, muchos blancos añoran cómo solían ser las cosas "antes de que se aprobaran leyes que infringen sus derechos". Apuntan a tiempos en que la gente de color sabía cuál era su posición y no molestaba con expectativas o demandas. La vida era más simple algunas décadas atrás. Es fácil recordarlo así, pero no es cierto.

(Por cierto, no estoy tomando una posición política a favor de un lado o el otro. Alguna gente que me ha escuchado asume que soy un Demócrata liberal porque defiendo a los desvalidos, mientras otros me tildan de Republicano conservador porque apoyo muchas de las políticas que defiende el partido Republicano. Yo considero que es un error etiquetar a un partido de Cristiano. El Reino de Dios es mucho más amplio, rico y profundo. Además, la gente que disiente con nosotros fue creada a imagen de Dios también, y, por lo tanto, tiene valor infinito para Dios, y por lo tanto también para quienes caminamos con Dios. Sólo en ocasiones muy contadas menciono por nombre a figuras públicas, y es sólo para ilustrar algunos puntos en particular, no para alabarlos ni condenarlos).

Pero, ¿qué significa para la gente de color "Hacer que los Estados Unidos vuelvan a ser grandiosos"? ¿Cuándo fueron grandiosos para los negros? ¿Cuándo se sintieron seguros y prósperos? Ciertamente no cuando trajimos infinidad de negros como esclavos desde África. ¿Ha habido algún momento, desde la abolición de la esclavitud que haya sido grandioso para los negros en Estados Unidos? Piensa, simplemente, en los carteles que muchos portaban durante el movimiento de los derechos civiles, que decían "SOY UN HOMBRE". Hace sólo décadas, los negros eran marginados a tal punto de tener que reclamar públicamente que eran seres humanos. Ciertamente, ese no es un tiempo para añorar, excepto por ver a líderes del nivel de Martin Luther King Jr., John Lewis y Andrew Young.

¿Cuándo fueron los Estados Unidos grandiosos para los hispanos? Cuando Estados Unidos venció en la guerra mexicana de 1848, conquistó una gran porción del Sudoeste, incluida California, tan sólo un año antes de que se encontrara oro. Los terratenientes mexicanos habían vivido en esas tierras por generaciones, pero fueron marginados rápidamente: extraños en su propia tierra. La pobreza vivida en los países Latinoamericanos en las últimas décadas ha hecho que el salario de un obrero en los Estados Unidos parezca una fortuna, y millones han venido a los Estados Unidos para tratar de ganar suficiente dinero para vivir ellos mismos aquí y sostener a sus familias en su país de origen.

¿Cuándo fueron los Estados Unidos grandiosos para los asiáticos? Tal vez la política más abiertamente racista adoptada por los Estados Unidos después de la Guerra Civil fue el Acta de Exclusión de Chinos, que impidió la inmigración desde China durante décadas. Y en los meses posteriores a Pearl Harbor, el Presidente Roosevelt respondió a la amenaza de invasión percibida en la Costa Oeste enviando a los descendientes de japoneses a campos de detención. Algunos de los jóvenes de esos campos de detención demostraron su lealtad a los Estados Unidos al unirse al Regimiento de Infantería 442 que luchó en Italia, llegando a ser la unidad más condecorada de su tamaño en la guerra.[8] En muchas ciudades a lo largo y ancho del país los chinos, japoneses, vietnamitas, coreanos y otros inmigrantes asiáticos, encontraron seguridad al crear sus propias comunidades.

¿Cuándo fueron los Estados Unidos grandiosos para los nativos americanos? La viruela traída por los conquistadores devastó las poblaciones nativas. Quienes sobrevivieron fueron sistemáticamente expulsados de las tierras que los blancos deseaban. El Sendero de las Lágrimas costó la vida a miles que fueron desplazados del Sur a las tierras indias en el territorio de Oklahoma, y durante la fiebre del oro en California, los nativos fueron asesinados para que no pudieran interferir en el reclamo de tierras. Las tribus han establecido casinos para generar ingresos, pero en la actualidad, los nativos americanos tienen una extraordinariamente alta incidencia de pobreza, alcoholismo y drogadicción.[9]

Cuando esta gente escucha el pedido de "Hacer que los Estados Unidos vuelvan a ser grandiosos", su reacción es distinta a la de los blancos, y con razón. Pareciera que lo que la gente dice fuera "Hacer que los Estados Unidos vuelvan a ser blancos". Al menos, así es como lo percibe mucha gente de color.

¿Quiénes somos?

Por favor no me malinterpretes. No digo que los reclamos de los blancos no tengan fundamento. Los cambios en la cultura, en la demografía y en las políticas son reales. Es cierto que hay desafíos en lo que refiere a la criminalidad y la violencia, a la seguridad de la frontera y la inmigración ilegal, y en un gobierno

8   Kathryn Shenkle, "Patriots under Fire: Japanese Americans in World War II," United States Department of Defense, Department of the Army, Center of Military History, Mayo 2006, *https://web. archive.org/web/20130623035411/http:/ www.history.army.mil/html/topics/apam/patriots.html*

9   "Ethnicity and Health in America Series: Substance Abuse/Addiction in Native American Youth," American Psychological Association, *https://www.apa. org/pi/oema/resources/ethnicity-health/ native-american/substance-use*

que desperdicia millones de dólares en programas que no tienen resultados. Es difícil entender cómo la nación más próspera del mundo no logra resolver la crisis de la salud o reducir el crecimiento de la deuda pública.

Pero si nosotros, los blancos, nos vemos como víctimas es porque estamos olvidando quiénes somos. Cuando uno tiene un sentimiento de tener derecho a mucho, naturalmente uno desarrolla un resentimiento profundo. Cuando nos enojamos continuamente con "esa gente", nuestros pies están claramente arraigados en la cultura terrenal que promete poder, riqueza, estatus, belleza y comodidad. Años atrás, el novelista David Foster Wallace fue invitado a dar el discurso de graduación en Kenyon College. Uno de los consejos que dio a los graduados fue que debían valorar las cosas correctas, lo cual implica rechazar valores que son insignificantes o autodestructivos. Wallace comparó el poner prioridades con el concepto de adoración —que es nuestro compromiso con aquello o aquél que es lo más importante para nosotros—. Dijo:

> En las trincheras del día a día de la vida de un adulto, no existe nada que no sea adoración. Todo el mundo adora. La única opción que tenemos es elegir qué es lo que adoraremos. Una razón muy convincente de por qué conviene adorar a algún dios o entidad espiritual es que cualquier otra cosa te comerá vivo. Si adoras las cosas materiales y el dinero, si es allí donde encuentras el verdadero sentido de la vida, nunca tendrás lo suficiente. Esa es la verdad. Si adoras tu cuerpo y la belleza y el atractivo sexual, siempre sentirás que no eres suficientemente bello. Y cuando el tiempo y la

edad comiencen a hacerse evidentes, sentirás que te mueres con cada año que pasa. ... Si adoras el poder, terminarás sintiéndote débil y temeroso, y siempre querrás tener más poder sobre otros para ocultar tu propio temor. Si adoras tu intelecto, el ser visto como inteligente, terminarás sintiéndote tonto, un fraude, siempre pendiente de que no descubran que no sabes algo.

Wallace decía que estos valores son formas "insidiosas" de adoración porque no son malvadas ni pecaminosas, porque "son inconscientes. Son configuraciones predeterminadas. Son el tipo de adoración en el cual te vas viendo inmerso día tras día, sin darte cuenta. Va condicionando la forma en que asignas valor a las cosas sin que realmente te des cuenta de lo que estás haciendo"[10].

¿Te parece extraño que Wallace llame a la obsesión con la belleza, el cerebro y el físico, adoración? Simplemente quiere decir que cuando la gente asigna el máximo valor a estas cosas y dedica mucho tiempo y dinero a ellas, está indirectamente mostrando que valora esas cosas más que cualquier otra.

Wallace simplemente estaba describiendo la condición humana. Es absolutamente normal que las personas, incluso los cristianos, se deslicen hacia valores del reino terrenal al punto de que esos valores dominen corazones y mentes. A menos que analicemos con rigor, de qué manera el mundo nos presiona para encajar en su molde, tenemos pocas chances de abrazar algo superior y mejor que los valores de la cultura terrenal. Sin embargo, para quienes llamamos a Cristo nuestro Señor y Salvador, hay otra manera, una respuesta diferente: La cultura de Reino provee

---

10 "This Is Water," David Foster Wallace, Kenyon College Commencement Address, 2005, *https://fs.blog/2012/04/david-foster-wallace-this-is-water/*

seguridad, paz, sabiduría, y al mismo tiempo, fortaleza para decir la verdad con amor, tener compasión por aquellos que no son como nosotros, y exigir responsabilidad a la gente de formas que sirven para ayudarles a mejorar en lugar de destrozarlos por sus fallos.

Temo que muchos de nosotros que somos creyentes hemos segmentado nuestros corazones en dos partes: la espiritual y la secular. La espiritual tiene que ver con que nos enseñaron que iremos al cielo cuando muramos. Asistimos a la iglesia, cantamos canciones, leemos la Biblia, oramos, pero no conectamos la verdad bíblica con nuestras expectativas, nuestra opinión política, y nuestra opinión de la gente que no nos agrada. Como dijo Wallace en su discurso, esta perspectiva está más alineada con los valores mundanos que con los de Dios. Puede que algunas de estas afirmaciones te hayan enojado, pero permíteme hacerte algunas preguntas: ¿Se rompe tu corazón con las cosas que rompen el corazón de Dios? ¿Nos enojamos con las situaciones que enojan a Dios?

Hace unos años un pastor estudió las emociones de Jesús basado en los evangelios. La compasión aparece más veces que todas las otras emociones juntas.[11]Cuando Jesús veía gente en dolor, en duelo, en pérdida, o gente que nadie veía, Su corazón se volcaba hacia ellos. La palabra en el lenguaje original significa que "su interior se sacudía". Eso no es simplemente decir algunas palabras lindas acerca de la gente en necesidad; es un amor tierno, poderoso y conmocionante hacia quienes están en dificultades. Jesús se esforzó en prestar especial atención a quienes eran dejados de lado por la sociedad. Tocó a los leprosos para sanarlos, alzó a los niños pequeños que eran considerados una molestia en

---

11 "The Emotional Life of our Lord," B.B. Warfield, *https://www.monergism. com/thethreshold/ articles/onsite/emotionallife.html*

esa cultura, se detuvo para sanar a los ciegos y cojos, se acercó para perdonar a las prostitutas, y hasta se invitó a almorzar a la casa de un odiado cobrador de impuestos. Se extendió por encima de la rígida barrera racial para amar a los samaritanos y fue condenado por eso. En un momento, cuando los fariseos se enojaron con él, lo insultaron de la peor manera que conocían, llamándolo Samaritano. Nadie quedaba fuera del alcance de su compasión. Nadie.

¿Qué enojaba a Jesús? Vemos destellos de enojo cuando encuentra mercaderes convirtiendo el templo en una empresa. Pero su enojo es aún más evidente cuando los fariseos, los líderes religiosos, usaban su posición de privilegio para ejercer poder sobre los más débiles. Mateo, en el evangelio que escribió, relata numerosas veces cómo Jesús los reprendió por su dureza de corazón. Eran muy religiosos en su comportamiento, pero estaban totalmente apartados del corazón de Dios. Por ejemplo, Jesús los criticó diciendo: "¡Ay de vosotros, escribas y fariseos, hipócritas! porque diezmáis la menta y el eneldo y el comino, y dejáis lo más importante de la ley: la justicia, la misericordia y la fe. Esto era necesario hacer, sin dejar de hacer aquello. "¡Guías ciegos, que coláis el mosquito, y tragáis el camello!". También los condenó por mostrarse justos por fuera, pero sin tener amor en su interior: "¡Ay de vosotros, escribas y fariseos, hipócritas! porque sois semejantes a sepulcros blanqueados, que por fuera, a la verdad, se muestran hermosos, mas por dentro están llenos de huesos de muertos y de toda inmundicia. Así también vosotros por fuera, a la verdad, os mostráis justos a los hombres, pero por dentro estáis llenos de hipocresía e iniquidad" (Mateo 23:23-24,27-28 RVR 1960).

La pregunta que podrías querer hacerte en este momento es: "¿Puedo estar siendo un fariseo de esta época sin siquiera darme cuenta?".

Es una muy buena pregunta que todos debemos tener la valentía de hacernos. Permíteme profundizar un poco:

- ¿Cuántos verdaderos amigos de color tienes? No me refiero a gente que conoces y con quienes hablas ocasionalmente, sino aquellos con quienes compartes tiempo y a quienes llamas o escribes cuando algo importante ocurre. Si eres una persona de color, ¿cuántos blancos son tus verdaderos amigos?

- ¿Cuáles son las conclusiones inmediatas y emociones que sientes al ver en las noticias que gente como tú sufre a causa de gente que no es como tú?

- ¿Cómo respondes al escuchar que alguien hace una broma acerca de gente de otra raza?

- ¿Piensas que quienes tienen posiciones políticas opuestas a las tuyas son necios o malos? ¿Con qué palabras los describirías? ¿Qué sientes al pensar en ellos, al verlos o al escucharlos?

- ¿Cómo te sientes ante la posibilidad de que gente de otra raza se mude a tu vecindario?

- ¿Piensas que grupos como Black Lives Matter o Blue Lives Matter están totalmente equivocados o en lo correcto, o eres capaz de entender el punto de vista de cada grupo?

- ¿Te sientes cómodo conversando con gente que es distinta a ti y escuchando puntos de vista que se oponen al tuyo?

- ¿Crees que "Hacer que los Estados Unidos vuelvan a ser grandiosos" y "Primero los Estados Unidos" se alinea con los principios bíblicos?

No des respuestas apresuradas a estas preguntas. La mayoría de nosotros tiene algún grado de preferencia cultural.

En la actualidad, las redes sociales son, quizás, la herramienta más poderosa para difundir el odio. Las respuestas moderadas, amables y razonadas no generan mucha tracción en las redes, pero las viciosas, que infunden temor y las basadas en teorías conspirativas, se esparcen a la velocidad de la luz. ¿Por qué son tan populares? Creo que hay varias razones: la rabia en línea le genera a la persona que la expresa (o a quien la comparte) un subidón de adrenalina, acentúa su posición de poder sobre otros, y le hace sentirse parte de un grupo, y eso hace que la persona se sienta completamente justificada en su enojo. Pero cada publicación con enojo y prejuicio es una forma de muerte, tanto para quien lo publica como para quien lo lee.

El antídoto

Si eres de raza blanca, estoy seguro de que este capítulo ha sido difícil de leer porque desafía tus supuestos básicos de lo que es bueno, correcto y justo. Y si eres una persona de color, te desafía a evitar la "discriminación inversa" contra la gente que consideras que tiene prejuicios contra ti.

El amor es estar dispuesto a hacer cambios por el bien de otra persona. En el matrimonio, hacemos ajustes para amoldarnos a los gustos de nuestro cónyuge. En la paternidad, hacemos millones de ajustes en el manejo de nuestro tiempo, nuestro dinero y nuestras metas para poder criar a nuestros hijos de forma tal que lleguen a ser adultos sanos y competentes. En nuestras amistades hacemos ajustes en nuestros horarios para poder compartir tiempo, escucharnos, y hacer cosas juntos. Y en nuestras relaciones con gente de otras razas, hacemos ajustes para poner nuestros prejuicios a un lado y valorar a la gente *tanto como Dios la valora*. En el acto supremo de amor, Jesús hizo ajustes a su estado, dejando la gloria para hacerse humano, volviéndose mortal, siendo ridiculizado, sufriendo y muriendo para que nosotros tuviéramos el honor, la paz y la vida que Él da. Él dice, "Sígueme". Eso significa que digamos lo que Él dijo, que sintamos lo que Él sintió, y que hagamos lo que Él hizo. Él no esperó que los marginados se acercaran a Él. Él los fue a buscar. Los amó hasta lo sumo. Cuando amamos como Jesús ama, Él vuelca aún más amor sobre nosotros.

El apóstol Pablo escribió una carta de agradecimiento a los creyentes en Filipo que lo habían sostenido durante su viaje para llevar el evangelio al mundo. En su carta, llega al meollo de lo que significa ser un seguidor de Cristo:

> ¿Hay algún estímulo en pertenecer a Cristo? ¿Existe algún consuelo en su amor? ¿Tenemos en conjunto alguna comunión en el Espíritu? ¿Tienen ustedes un corazón tierno y compasivo? Entonces, háganme verdaderamente feliz poniéndose de acuerdo de todo corazón entre ustedes, amándose unos a otros y trabajando juntos con un mismo pensamiento y un mismo propósito.

> No sean egoístas; no traten de impresionar a nadie. Sean humildes, es decir, considerando a los demás como mejores que ustedes. No se ocupen solo de sus propios intereses, sino también procuren interesarse en los demás.

> Tengan la misma actitud que tuvo Cristo Jesús. (Filipenses 2:1-5 NTV).

La mentalidad de víctima que dice: "¡No es justo!" y el resentimiento hacia aquellos que están "saltándose la fila" frente a nosotros, revela que nuestra respuesta ante la injusticia no es diferente de la respuesta de quienes no conocen a Jesús. Si realmente conocemos a Jesús… si Su amor ha derretido y moldeado nuestros corazones… daremos más honor a los demás, estaremos más interesados en sus problemas, y nos dedicaremos a ayudarles a elevarse. Eso es lo que implica estar motivados por el amor para hacer cambios por el bien de otros.

Para pensar:

¿Qué emociones sentiste al leer este capítulo?

En lo referido a cuestiones raciales, ¿qué ejemplos puedes dar de reacciones radicales? ¿Qué ejemplos de reacciones moderadas? ¿Qué significa que estemos conflictuados acerca de nuestras reacciones ante gente que es distinta de nosotros?

¿Cómo crees que los puntos desarrollados en este capítulo ilustran la cultura terrenal y la cultura de Reino?

¿Qué significa que valorar el dinero y las cosas materiales, la belleza, el poder y la inteligencia sea la configuración "predeterminada" del corazón humano? ¿Por qué es tan difícil cambiar estos valores?

¿En qué crees que Cristo soportó cambios en favor tuyo? ¿Qué ajuste quiere que hagas tú en favor de aquellos que no se ven como tú?

Capítulo 3

¿Por qué la preferencia parece razonable?

Podría argumentar que la superioridad racial, cualquiera
sea su forma, y en particular la supremacía blanca como
punto focal de lo que nos concierne, es una herejía. La
separación del ser humano en escalafones de superioridad
e inferioridad diferenciada por color de piel es un atentado
directo contra la doctrina de la Creación y un insulto
a "imago Dei" —la imagen de Dios conforme a la cual
todo ser humano ha sido creado—. —Albert Mohler

Tengo un amigo, a quién llamaré David. El creció en un lugar no muy lejos de nuestra iglesia en el Norte de Georgia. En los últimos años, ha tenido lo que él llama "una revelación". Dejaré que él mismo cuente su historia:

> Podría decirse que soy un "hijo del Sur". Mi abuela me mostró dónde fue que sus abuelos enterraron la plata de la familia cuando la caballería al mando del General Sherman cabalgó hacia Atlanta. Ella todavía tenía amargura por haber perdido esa guerra. Nunca la oí llamarla "la Guerra Civil"... ella decía, "no hubo nada de civil en esa guerra". Tengo un cuadro

de mi tatara-tatara abuelo en su uniforme gris de
la Confederación.

Desde pequeño, todos los adultos que me rodeaban
me enseñaron que la Guerra Civil no fue motivada
por la esclavitud. Decían que la secesión era lisa y
llanamente un derecho de los estados —cada estado
había ingresado voluntariamente a la Unión y tenía
el derecho de retirarse voluntariamente—. De no
haber sido por Lincoln, todo hubiera salido bien. Mi
abuelo fue miembro del Klan. Mi madre me mostró
el lugar exacto de nuestra granja familiar donde mi
abuelo mató a un hombre negro por responderle de
mala manera. Fue en los años 1920 en el área rural de
Georgia, y, por supuesto, nunca se presentaron cargos
contra mi abuelo.

Mi padre, por su parte, era dueño de una empresa
maderera. Era conocido por ser inusualmente bon-
dadoso con sus empleados de raza negra, pero nunca
los vio como iguales. Aun así, ellos preferían trabajar
para él que para cualquier otro empleador. Cuando yo
era pequeño, nuestra familia tenía criadas. Nell vino
a trabajar para nosotros cuando tenía quince años y
yo era un infante. Siento que crecimos juntos. Años
más tarde, se casó y se mudó a Tampa. Mi madre contrató a Rhynelle, una mujer diminuta cuyo esposo
estaba en la prisión estatal de Reidsville por doble
homicidio. Durante el movimiento de los Derechos
Civiles, cuando se animó a los negros a enorgullecerse

de su identidad, la situación se volvió bastante tensa en nuestra casa. Una tarde, mi madre estaba lista para llevar a Rhynelle de regreso a su casa al finalizar su jornada laboral, y Rhynelle abrió la puerta delantera y se sentó en el asiento del acompañante. Yo pensé que mi madre estallaría, pero no la hizo sentarse atrás.

Un día que fui a la granja de visita, decidí visitar a un hombre que había sido un aparcero de nuestra tierra durante muchos años. Tendría aproximadamente unos 80 años en ese entonces y vivía sólo en una pequeña casucha en nuestra propiedad. Golpeé la puerta y me presenté. Me invitó a pasar. Durante media hora, conocí a un hombre que había trabajado arduamente durante toda su vida por una miseria, y quien, a raíz de los años de costumbre, siempre había sido reverente con los blancos, pero en cuya pared colgaban orgullosamente tres cuadros: John Kennedy, Martin Luther King Jr., y Jesús. Para mí, nuestro encuentro fue conmovedor y, a la vez, triste.

Por años he leído historia acerca de la Guerra Civil. Mis padres me regalaron una edición original de la biografía de Robert E. Lee con la cual Douglas Southhall Freeman había ganado el Premio Pulitzer. Tengo una estantería llena de historias y biografías que exaltan las virtudes de los valientes líderes sureños que lucharon contra los injustos Yankees. Yo solía hablar con mis amigos acerca de los nobles cristianos como Lee y Stonewall Jackson ... y los impíos generales Norteños.

Odio reconocerlo, pero mi pensamiento acerca de la guerra, la esclavitud y la posición de la gente de raza negra permaneció intacta durante décadas. Hasta que un día, cuando tenía ya más de 60 años, mi esposa escuchó en la radio una entrevista a Bruce Levine, el autor del libro titulado *The Fall of the House of Dixie*. Fue una revelación para mí. Leí ese libro tres veces. Por primera vez en mi vida, pude ver la injusticia de la causa del Sur, la crueldad de la esclavitud, y al extremo al que el Sur estaba dispuesto a llegar para mantener a la gente de raza negra esclavizada. Décadas de preconceptos se desvanecieron. Entonces leí el libro *Just Mercy* de Bryan Stevenson, acerca de la injusticia racial en el sistema penitenciario y *Blood at the Root*, un relato de un linchamiento y la expulsión de toda persona de raza negra de Forsyth County, Georgia —un exilio que duró casi 70 años hasta que algunos negros comenzaron a mudarse nuevamente al condado—. Leí *The Warmth of Other Suns*, la historia de la inmigración negra posterior a la Primera Guerra Mundial y hasta los años 1970, de la cultura opresiva del Sur a la promesa de mejores condiciones y oportunidades en el Norte y Oeste. Fue como si las escamas de mis ojos hubieran sido quitadas y ya no podía dejar de incorporar la nueva perspectiva que me había sido revelada.

Uno de mis amigos está interesado y me ha apoyado en mi cambio, pero la mayoría de la gente que me ha escuchado explicar mi nuevo punto de vista me ha mirado con sospecha, y algunos hasta con enojo. Yo los entiendo. Yo hubiera reaccionado así hace unos pocos años atrás también. No creo que sea una exageración decir que siento como si hubiera nacido de nuevo, otra vez. Nunca me había considerado racista. Creo haber sido amable con la gente de color, pero eso no es lo mismo que entender que somos iguales. Todavía me queda un camino por recorrer en ese sentido, pero estoy trabajando en ello.

El espectro

A partir de mi propia experiencia y de lo que he conversado con mucha gente acerca de la reconciliación racial, hemos podido identificar un rango de cinco respuestas distintas: inclusión, paternalismo, preferencia, intolerancia, y racismo.

Inclusión: Ver a todas las personas como de igual valor; preocuparse en la misma medida por todas las personas, sin importar su raza, color, religión o nacionalidad; y respetar las diferencias sin exigir que la gente se conforme a nuestros gustos. Así es como Jesús trataba a la gente.

Paternalismo: Ser amables, pero de un modo condescendiente. Verse como superior. Es como el padre de David, en el relato anterior, trataba a la gente de raza negra que trabajaba para él. En el libro *I´m Still Here: Black Dignity in a World Made for Whiteness,* Austin Channing Brown observa: "Cuando crees que la amabilidad prueba la ausencia de racismo, es fácil comenzar a creer que el fanatismo es algo poco común, y que el mote de *racista* debería sólo ser aplicado a actos de discriminación abiertamente malintencionados"[12].

---

12 Austin Channing Brown, *I'm Still Here: Black Dignity in a World Made for Whiteness* (New York: Convergent Books, 2018), p. 101.

Preferencia: Considerar que nuestra propia raza y cultura es mejor. No hacer nada para perjudicar a la gente que no es como nosotros, pero tampoco mostrar ningún interés en desarrollar relaciones con "ellos".

Intolerancia: Suponer que "esa gente" nos amenaza —como individuos y como raza—. Filtrar las noticias con un fuerte sesgo contra las personas que no son como nosotros.

Racismo: Considerar a la raza propia como superior y a las demás como inferiores. Unirse con otros para reforzar la intolerancia y el odio. Marchar y manifestarse públicamente al respecto.

Veo a la gente de nuestro país —y a la gente de nuestras iglesias— repartida en una curva en forma de campana, con relativamente poca gente en los extremos del amor inclusivo y del odio racista. Algo más de gente con perfil paternalista o intolerante, y muchos en el medio viviendo conforme a su preferencia, sin mostrar sentimientos ni de amor ni de repulsión.

Para muchos, la preferencia parece tener sentido. No vemos necesidad de cambiar nada porque estamos permitiendo que la gente viva su vida, con la esperanza de que ellos nos dejen vivir la nuestra. Después de todo, no andamos marchando con esvásticas, no pertenecemos al Klan, ni quemamos cruces en los patios de los juzgados, ni andamos esparciendo odio con frases de supremacía racial —aunque tampoco condenamos abiertamente a quienes lo hacen—. No queremos generar ningún sacudón importante en la sociedad. ¡Ya tenemos suficientes problemas! Y si cambiamos nuestra posición en materia racial, puede que nuestros amigos nos tilden de traidores a nuestra gente. ¡El Cielo no lo permita! Muchos de nosotros, en secreto, vemos a nuestra raza como "mejor", "más responsable que", o "más noble que", pero no nos atrevemos a decirlo en voz alta. Simplemente preferimos estar con gente que se parece a nosotros, cocina como nosotros, habla como nosotros y ve el mundo como nosotros lo vemos. Es mucho más fácil así.

Cuando David estaba con algunos amigos, uno le preguntó: "¿Qué piensas de todo el debate de las estatuas Confederadas?".

David se detuvo por un segundo a pensar cómo iba a ser tomada su nueva posición, pero decidió exponerla de todos modos. Les dijo: "De hecho, he cambiado mi pensamiento en los últimos años. Todos ustedes saben que he sido un defensor del Sur durante toda mi vida, pero me he tenido que hacer esta pregunta: "Si estuviera parado delante de una de estas estatuas con un hombre negro a mi lado, ¿Cómo podría defender la historia del uso de la fuerza militar para mantener a su gente esclavizada? Simplemente no podría hacerlo". Sé que hay historiadores negros que proponen conservar las estatuas confederadas y añadir una explicación de "la otra cara". Eso podría funcionar, pero temo que esas estatuas honran una cultura que tenía una causa injusta". No tardaron mucho en reaccionar. Uno de ellos me ladró diciendo: "¡Estás traicionando tu herencia!". Otro se paró de su silla y se inclinó hacia mí para decirme: "¡Estás negando nuestra historia!". Le contesté: "No, para nada. Estoy diciendo la verdad acerca de nuestra historia". El cambio de posición de David en el espectro del que hablamos tuvo su precio.

Racionalizaciones

La tradición tiene una poderosa influencia en nosotros. Es fácil no hacerse algunas preguntas porque simplemente ni se nos ocurre hacérnoslas. Cuando vivía en Richmond, vivía en la Avenida Monument, una calle llena de estatuas de héroes Confederados. Mi casa estaba justo frente a la estatua de Robert. E. Lee con su caballo. En todo el tiempo que viví allí, jamás pensé en las implicancias de la avenida y las estatuas. Simplemente estaban allí. Recién mucho más adelante me di cuenta de lo que simbolizaban para la gente cuyos ancestros habían sido poseídos por los líderes Sureños. Ahora que nuestra nación comienza a entender lo que verdaderamente representan, vemos cómo estas estatuas, y muchas otras en Richmond, son derribadas. Por primera vez nos estamos haciendo la pregunta: "¿Por qué estamos honrando gente que luchó contra los Estados Unidos para preservar la esclavitud?"

Como David describió en su historia, a veces necesitamos un sacudón para movernos en el espectro. Otro amigo me llamó hace algunos años cuando acababan de ocurrir dos eventos trágicos consecutivos que involucraban cuestiones raciales. En Julio de 2016, dos hombres negros recibieron disparos por parte de la policía y murieron, en días consecutivos en Minnesota y Louisiana. Sus nombres eran Philando Castile y Alton Sterling. En respuesta a estos sucesos, hubo manifestaciones en ambos estados, incluyendo la ciudad de Dallas —donde vive mi amigo— donde hubo protestas aludiendo a un exceso de fuerza utilizado por los policías involucrados. Durante las protestas en Dallas, Micah Johnson subió al tejado de un edificio cercano y comenzó a disparar contra los policías que se encontraban acompañando la marcha para evitar incidentes. Once oficiales resultaron heridos, cinco de los cuales terminaron muertos. El domingo, en la iglesia a la que asiste mi amigo, el pastor habló acerca del horror de lo ocurrido con los policías, pero no dijo nada acerca de los hechos que habían ocasionado la marcha en primer lugar —la muerte de dos hombres de raza negra y el patrón repetitivo de hombres negros siendo asesinados por policías blancos—. Recuerdo estos eventos claramente. Nuestra familia estaba de vacaciones en Florida y tuvimos que apresurarnos a regresar para que yo pudiera trabajar para calmar esta violencia racial irracional. Fue un tiempo muy tenso en nuestro país. Cuando hablé en nuestra iglesia, intenté ayudar a ambos lados a entender y empatizar con el dolor de la otra parte. Mi amigo me dijo que estaba muy decepcionado con su iglesia porque su pastor y la gente no entendían la larga historia de perfilamiento racial de parte de la policía. Me dijo que, tras haberme escuchado hablar, se dio cuenta de que su iglesia no estaba dispuesta a sentir el dolor de la gente de color en los Estados Unidos. Se dio cuenta que no podía permanecer callado. A partir de ese momento, decidió comenzar a expresarse, aunque eso pudiera significar perder algunos de sus amigos.

Antes de la Guerra Civil, las denominaciones discutían acerca de la esclavitud; fue entonces que los Bautistas, Presbiterianos y otros grupos se dividieron entre facciones Norteñas y Sureñas. Los pastores en el Sur predicaban que la esclavitud era la voluntad de Dios y encontraban pasajes bíblicos para defender su postura. Luego los "científicos" utilizaron la frenología (el estudio de la forma de la cabeza), la eugenesia (un punto de vista utilizado posteriormente por la Alemania Nazi para probar que la raza blanca era superior a las demás) y otras teorías para justificar el racismo. En su libro, *Shattering the Myth of Race; Genetic Realities and Biblical Truths,* el profesor de Biología Dave Unander explica:

> La raza es, en gran medida, una teoría social desarrollada y refinada a lo largo de siglos para servir a los objetivos religiosos y económicos de una cultura mayoritaria, primero en territorio europeo y luego en América. El color de piel, resulta ser una idea bastante

reciente en el marco amplio de esta historia, pero resultó ser una idea poderosa que se utilizó para crear categorías y sistemas que asignaban valor, en sentido económico y en otros sentidos también, en función del color de piel. Si la raza se pudiera utilizar para indicar el nivel de inteligencia de un grupo, su ética laboral y su tendencia a hacer lo malo, entonces la cultura mayoritaria podría justificar todo tipo de intolerancia y discriminación.[13]

Éste no es un fenómeno del pasado. En la actualidad, los nacionalistas blancos están creciendo. El movimiento Black Lives Matter fue una reacción a la muerte de tantos jóvenes negros a manos de la policía, y su contrapunto es el movimiento Blue Lives Matter, que defiende a la policía. Hay más de mil grupos de odio activos en los Estados Unidos, un 30% más que cuatro años antes. En 2018, los extremistas de derecha fueron responsables de cincuenta asesinatos; mientras que ningún asesinato fue relacionado con jihadistas musulmanes.[14] Las milicias armadas también están creciendo. En un reporte de PBS, P. J. Tobia comentó:

Hay más de 500 grupos de milicia en los Estados Unidos, más del doble que en el año 2008, según la liga Antidifamación. En su mayoría son grupos de derecha y anti-gobierno. Además de la Milicia del 3 por ciento (3 Percent Militia), están los Cumplidores de Promesa (Oath Keepers), formados en 2009. Están formados

13 Dave Unander, *Shattering the Myth of Race: Genetic Realities and Biblical Truths* (Judson Press, 2000).

14 "Over 1,000 Hate Groups Are Now Active in United States, Civil Rights Group Says," Liam Stack, *New York Times*, Febrero 20, 2019, *https://www. nytimes.com/2019/02/20/us/hate-groups-rise.html*

por oficiales de fuerzas policiales y militares, en actividad y retirados. Oath Keepers apareció en Ferguson, Missouri, durante las protestas en el verano de 2015. Dijeron que estaban allí para ayudar a mantener la paz y proteger a los reporteros que estaban trabajando para el sitio web Infowars, dedicado a las teorías conspirativas. Mientras tanto, miles han corrido hacia grupos más viejos como Sovereign Citizens Movement, gente que se resiste a los impuestos y niega la legitimidad del gobierno estadounidense.[15]

Esta gente asegura que sólo está protegiendo a los Estados Unidos que aman —un país de blancos donde se sienten con el derecho de odiar—.

Al escribir este capítulo, nuestra nación está tratando de hacer frente al asesinato de Ahmaud Arbery. Ahmaud estaba trotando por una calle en el suburbio de Brunswick, Georgia. Un detective retirado y su hijo sospecharon que era un ladrón, así que planificaron un arresto ciudadano. Consiguieron que un amigo los condujera en una camioneta detrás de Arbery y lo encerraron con el vehículo. Estaba vestido con pantalones cortos y una remera. No tenía nada en sus manos. Aun así, estos dos hombres lo enfrentaron, y en medio del altercado, Arbery fue asesinado con un disparo de escopeta. El columnista conservador David French nota un patrón claro en esta muerte y otras similares de jóvenes negros. Para ilustrar su punto, utiliza el caso de Trayvon Martin, Philando Castile y Arbery. En los tres casos, un "temor irracional" impulsó a gente blanca a ver una amenaza donde no la había. Tomaron

15 "Why armed militia groups are surging across the nation," P. J. Tobias and Judy Woodruff, *PBS Newshour*, Abril 19, 2017, *https://www.pbs.org/newshour/ show/armed-militia-groups-surging-across-nation*

acciones dramáticas, usando violencia letal en lugar de llamar a la policía para que investigara. En el caso de Castile, un policía le disparó y lo mató en su vehículo, a pesar de que Castile estaba indicando calmadamente que tenía un arma y que contaba con licencia para portarla. No importó. La sospecha inicial del oficial, rápidamente se convirtió en un temor exagerado, resultando en una acción mortal.

La respuesta de muchos blancos conservadores es defender a los asesinos y culpar a las víctimas. French escribe:

> En lugar de reconocer con vergüenza la paranoia de quienes dispararon, sus defensores se unen en una indignación que consideran justa. ¿Cómo puede ser? En parte, ocurre porque una porción de la población de los Estados Unidos comparte las mismas percepciones de amenaza con los tiradores … Dicho de otra manera, hay muchos estadounidenses que nunca tomarían un arma y perseguirían a un hombre negro que está corriendo en la calle —ni seguirían a un joven negro en una noche lluviosa—, pero son comprensivos y simpatizan con quienes lo hacen.[16]

Si tuviera que adivinar, diría que este tipo de gente que simpatiza con los motivos que impulsan este tipo de violencia sin sentido, aparentan en la superficie mostrar *preferencia* por su raza blanca, pero son, en realidad, *intolerantes*. No escupen veneno racial pero no toman distancia de quienes lo hacen. De hecho, los defienden. Temo que, en realidad, hay más intolerantes de lo que quisiera creer.

---

16 "The double injustice of unreasonable fear," David French, *TIME*, Junio 1-8, 2020, p. 29.

Nuestro país ha visto espasmos periódicos de disturbios. En su mayoría, comenzaron con protestas legítimas, usualmente por asesinatos de hombres negros por parte de la policía, pero en muchos casos, el dolor comprensible y la ira de los muchos en las calles, crea el ambiente oportuno para que unos pocos inciten el caos. En *"The Case Against Riots"*, el columnista Ross Douthat observó detalles de las protestas pacíficas durante el movimiento de los Derechos Civiles:

> En términos generales, en la cobertura periodística y la opinión pública de esos años, las protestas no violentas (especialmente en contraposición a la violencia segregacionista) incrementaban el apoyo al movimiento por los derechos civiles, mientras las protestas violentas inclinaban la opinión pública en contra de quienes protestaban y generaban un mayor deseo de lo que Nixon llamó "la ley y el orden".

Más recientemente, agitadores han aprovechado protestas pacíficas para incitar la ira y la destrucción, incluso arrojando bombas Molotov, incendiando vehículos y negocios, y saqueando tiendas. Cualquier simpatía que los protestantes pacíficos pudieran haber logrado, se vio opacada por las escenas de violencia. Douthat cita un estudio realizado por el escritor Jonathan Chait en el año 2015 durante los alborotos en Ferguson, Missouri, tras el asesinato de Michael Brown y en Baltimore, Maryland, tras la muerte de Freddie Gray en la cajuela de un vehículo utilitario de la policía. Chait acusó a los alborotadores radicales de estar equivocados en creer que los alborotos producirían cambios positivos:

> El daño físico infligido en los pobres vecindarios urbanos por los saqueos, no tiene como contrapartida positiva el facilitar el advenimiento de políticas más progresivas; por el contrario, exacerba el daño al generar una reacción opuesta[17]

He notado cómo esta violencia cambia la percepción de la gente blanca. Muchos sienten cada vez más empatía por las muertes sin sentido sufridas por negros a manos de oficiales blancos, pero su empatía desaparece al ver vídeos de protestantes iracundos atacando a la policía, quemando todo lo que encuentran a su paso y llevándose grandes televisores de tiendas vandalizadas. Casi siento que puedo leer sus pensamientos: *Ves, así es como verdaderamente son. ¿Cómo puedo apoyar a gente que actúa de manera tan destructiva e ilegal? No hay esperanza para ellos.* Su intolerancia es reforzada por las imágenes de saqueos y destrucción.

Seamos honestos

Todos nosotros, sin importar nuestro color, etnicidad o trasfondo, generalmente preferimos a los de nuestro mismo tipo, y tenemos algunos reparos para con aquellos que son distintos a nosotros. He hablado bastante acerca del espectro que veo entre los blancos que va desde la inclusión intencional por amor, al cruel racismo, pero tenemos que entender que el mismo rango o espectro aplica para la gente de color. Muchos se han sentido atraídos a nuestra iglesia porque se han sentido bienvenidos y hasta honrados. Es una experiencia nueva para muchos de ellos. Pero los negros, hispanos, asiáticos y nativos americanos pueden ser igualmente

---

17 "The Case Against Riots," Ross Douthat, *New York Times*, Mayo 30, 2020, *https://www.nytimes. com/2020/05/30/opinion/sunday/riots-george-floyd.html*

culpables de intolerancia y racismo que los blancos. Algunos lo llaman "racismo inverso" o "discriminación inversa". En este caso, los blancos creen que los intentos de corregir la desigualdad es una forma de racismo contra los blancos. En los últimos años, organizaciones como Black Lives Matter han llevado adelante protestas contra los asesinatos de jóvenes negros a manos de la policía. Los observadores argumentan que, al menos algunos de los protestantes, están yendo más allá que un pedido de compensación por la injusticia. En su ira, parecen pintar a todos los blancos con el pincel del prejuicio intencional, así como algunos blancos pintan a toda la gente de color con el pincel de la inferioridad.

Las sospechas, el temor, la intolerancia y el racismo son tóxicos en ambos lados. Desafortunadamente, los medios liberales generalmente presentan a la gente de color como víctima, y los medios conservadores devuelven el favor presentando a la gente de color como irracional y pretenciosa, y a los blancos como las víctimas.

Quiebre generacional

He visto que hay puntos de vista muy diferentes en materia racial entre quienes tienen más de cincuenta años y quienes son menores de cuarenta. La gente más cercana a mi edad creció en una sociedad segregada, o en una sociedad muy tensa en las etapas iniciales de la integración. Nosotros recordamos los disturbios raciales en el vecindario Watts de Los Ángeles, la quema de ciudades tras el asesinato de Martin Luther King Jr., la polarización del Juicio de OJ y los informes en los noticieros nocturnos acerca de las drogas, el crimen y la violencia entre pandillas en las zonas pobres de las ciudades. La indignación de los negros recibió como respuesta una indignación de los blancos por la indignación de los negros, y los polos se separaron aún más. La gente blanca entendía que su raza era superior porque, cualquier estadística que se tomara en cuenta en términos sociales y económicos lo confirmaba. Esta suposición inmediatamente generaba prejuicio en el considerado superior y resentimiento en el inferior, lo cual reforzaba el ciclo vicioso. Con estas actitudes, la preferencia (si no se llegaba a la intolerancia), surgía como algo normal y razonable, y las razas simplemente han permanecido separadas.

Por el contrario, los jóvenes han crecido en una sociedad integrada. Están acostumbrados a estar con gente de otras razas y se les hace más fácil tener amigos que no se ven como ellos. La generación más vieja se escandaliza con los matrimonios interraciales, pero los jóvenes no. Los mayores se quejan de que la Corte Suprema vaya a permitir el matrimonio homosexual, y se preocupan de que los homosexuales sean tan visibles en los comerciales, las películas, la televisión, el teatro y otros ámbitos de la sociedad. Pero no se dan cuenta que cuando critican tan duramente a los homosexuales, están hablando de los amigos de sus hijos. El mismo patrón se ve en cómo cada grupo ve las cuestiones raciales: El prejuicio de los mayores está apartando a los jóvenes.

Desigualdad arraigada

El campo de juego en los Estados Unidos, donde las razas compiten es en la educación, la vivienda, la salud y las oportunidades laborales. La brecha en la riqueza del hogar entre blancos y gente de color es un reflejo de siglos de privilegio para los blancos. De hecho, la riqueza de los negros ha decrecido en las últimas tres décadas.[18] Un estudio del Centro de Estudios Pew descubrió que "la mayoría de los estadounidenses cree que ser blanco es una

---

18 "Racial Economic Inequality," *https://inequality.org/facts/racial-inequality/*

ventaja en la sociedad, y casi la mitad considera que ser negro o hispano reduce la posibilidad de la gente de prosperar"[19].

Estas conclusiones no sólo están basadas en las estadísticas. Estas expectativas han sido formadas y afirmadas a lo largo de años de interacciones donde se comunica que "yo estoy arriba y tú abajo" o "yo estoy abajo y tú arriba". Las diferencias pueden ser cuestión de vida o muerte. Un estudio realizado por la Fundación Century y Jamila Taylor, descubrió que, si bien la gente de raza negra ha visto mejoras en cuestiones de salud social, su situación sigue siendo precaria:

El incremento en la cobertura de los seguros de salud a partir del ACA (Affordable Care Act, también conocido como Obamacare) ha mejorado el acceso al cuidado médico y ha causado algunas mejoras para los Afro Americanos, como ser diagnósticos de cáncer y tratamientos en etapas más tempranas de la enfermedad. Sin embargo, sigue habiendo disparidades en cuestiones de salud entre gente de raza negra y blancos, por ejemplo, en mortalidad materna, mortalidad infantil, enfermedades del corazón, diabetes, cáncer y otros problemas de salud. Factores sociales, incluidas las desventajas económicas, inequidades en materia educativa, y falta de acceso a los servicios médicos, impactan en la habilidad de una persona de llevar adelante una vida saludable y productiva. Para los estadounidenses que experimentan el racismo y la desigualdad a diario en sus vidas, el impacto de los factores sociales en la salud es lo más grave.[20]

Para los blancos conservadores en el estudio de Hochschild, ver a la gente de color que se "saltaba la fila" les generaba indignación

---

19 "Views of racial inequality," Juliana Menasce Horowitz, Anna Brown, y Kiana Cox, Pew Research Center, Abril 9, 2019, *https://www.pewsocialtrends. org/2019/04/09/views-of-racial-inequality/*

20 "Racism, Inequality, and Health Care for African Americans," Jamila Taylor, The Century Foundation, Diciembre 19, 2019, *https://tcf.org/content/report/ racism-inequality-health-care-african-americans/?session=1*

y una sensación de injusticia. Sin embargo, durante generaciones, mucha gente de color ni siquiera pudo encontrar la fila.

Dios nos ha creado con una sed de justicia. Incluso los niños pequeños aprenden rápido a decir, "¡No es justo!". Y lo seguimos diciendo, más fuerte y más frecuentemente, cuando somos mayores. Hoy, algunos están pidiendo que se hagan reparaciones para compensar a los negros por el impacto que ocasionó la esclavitud y que todavía persiste. Esta demanda tiene precedentes: en 2010, el gobierno de los E.E.U.U. pagó $3400 millones por una demanda colectiva presentada por los Nativos Americanos. La demanda representaba a gente que subsiste en la pobreza más brutal, y según el abogado de las tribus, la compensación resultó "significativamente menor al valor real de lo que se debe a los indígenas". El pago no recibió el título de reparación, pero fue una forma de justicia muy tangible para los Nativos Americanos. Sin embargo, hay varios problemas para la demanda de reparaciones para la gente de raza negra: toda la gente que ha sido esclavizada ya murió, por lo tanto, no puede ser beneficiaria. ¿Cómo se podría calcular un monto justo? ¿Cómo se distribuiría y qué impacto tendría en las relaciones raciales? ¿Hay alguna forma mejor de nivelar el campo de juego?

Los hispanos, por su parte, no tienen una historia de esclavitud en los Estados Unidos, pero sienten que su contribución al país, en general a través de su trabajo en restaurantes, granjas y en la construcción, ameritaría que se les abra una vía para obtener la ciudadanía y para recibir asistencia del gobierno en el cuidado de sus familias. Son gente muy trabajadora y creen que para lograr justicia deben actuar. La respuesta de muchos blancos es que, quien ingresa ilegalmente se ha auto eliminado de la consideración para la ciudadanía y la asistencia del gobierno.

Recientemente, estudié la Gran Depresión para ver si encontraba correlaciones entre aquella época y la actual. La caída del mercado de valores en octubre de 1929 fue el primer gran indicador de que la economía estaba en problemas. La especulación había elevado los valores de las acciones por encima de los valores reales de las compañías. El colapso de los bancos, granjas, distribución y generación de energía, que ocasionó que el desempleo creciera a niveles nunca antes vistos, ocurrió luego de los años veinte, donde el optimismo había permitido que algunos pocos, casi todos blancos, acumularan fortunas incalculables.

Al igual que en la actualidad con los problemas ocasionados por la pandemia del COVID-19, el mayor peso de la Gran Depresión cayó sobre la clase trabajadora. El país alcanzó un desempleo del 25% y para la gente de raza negra llegó al 50%. En Atlanta, el 70% de los negros no conseguía trabajo. En los años treinta, los ricos vieron reducirse drásticamente sus portfolios, pero conservaban una reserva suficiente para sobrellevar la Depresión con estilo. Para cuidar su dinero, se refrenaron de hacer algunas inversiones que podrían haber generado empleo para los más pobres. El Presidente Roosevelt asumió la presidencia en medio de la peor crisis. Los bancos estaban cerrando a diario, haciendo desaparecer los ahorros de un sinnúmero de gente. Decretó un "feriado bancario" que permitió que la gente tomara un respiro y pudiera decidir basada en algo más que el mero pánico a perderlo todo. También envió proyectos al Congreso para crear programas dirigidos y fondeados por el gobierno, destinados a crear puestos de trabajo para que la gente pudiera volver a suplir sus necesidades básicas. Su lema era simple: "Escoge un método y *pruébalo*. Si fracasa, admítelo con franqueza y *prueba* con otro. Pero sea como sea, *prueba algo*". Lanzó el programa Civilian Conservation Corps, las administraciones Civil Works Administration, Work Projects Administration, National Youth Administration y muchos otros programas para crear empleos.

Desde el año 1924, la inmigración había estado muy restringida, por lo cual la minoría predominante en el país era la de los negros. En la Depresión, no sólo sufrieron niveles mucho más altos de desempleo, sino que cuando conseguían trabajo, recibían una fracción del salario que recibían los blancos por la misma tarea. Las posturas radicales de los blancos no les impulsaban a luchar por igualdad de paga para los negros. Puede que no hayan formado parte del Klan, y puede que no hayan sido "racistas duros", sino que simplemente no les preocupaba lo suficiente como para hacer algo al respecto. Eran lo que yo llamo "racistas blandos", que revelaban su preferencia por los de su propia raza. Hoy, ese problema se convirtió en una raíz difícil de erradicar en nuestra cultura. En los últimos 25 años, la mediana del ingreso de los hogares creció un 30% para los blancos y un 50% para los hispanos, pero decreció en un 50% para la gente de raza negra. [21] En los medios televisivos conservadores, las personas negras exitosas y prósperas son presentadas como ejemplo de lo que los negros podrían lograr si tan sólo se esforzaran. Pero estas excepciones no hacen más que confirmar la regla: no son muchos los casos porque no son muchas las oportunidades que tienen para progresar. Para que ellos lo logren, es necesario un talento y fortaleza excepcionales y que encuentren al menos una puerta abierta.

La gente en el medio del espectro, los que están en el rango de la preferencia, cree que el campo de juego está nivelado, y que la gente de color tiene exactamente las mismas oportunidades que los blancos. No es así, pero a muchos blancos no les interesa

21 "Why Racial Economic Disparity Keeps Growing in the U.S.," Dwyer, Gunn, *Pacific Standard*, Enero 16, 2019, *https://psmag.com/economics/why-racial-economic-disparity-keeps-growing-in-the-us*

siquiera escuchar a la otra parte. Esta gente cree que los negros han creído la mentira de los liberales: que son víctimas y que no pueden salir adelante sin las ventajas dadas por el gobierno. Según ellos, es por eso que permanecen en la pobreza.

En realidad, creo que hay algo de verdad en ambos lados: algunos negros se ven como víctimas indefensas y deben comenzar a tomar responsabilidad por sus propias vidas, pero también es cierto que hay una inequidad racial arraigada en nuestra cultura. No se deben negar ninguna de las dos verdades.

No es suficiente

Hace algunos años asistí a una conferencia para pastores organizada para promover el entendimiento racial y la armonía, en respuesta a las tensiones crecientes con motivo de los asesinatos de jóvenes negros por parte de la policía. Los pastores venían de iglesias blancas, hispanas y negras, de todo el país. Los oradores de raza negra expresaron su indignación para con quienes no habían brindado oportunidades suficientes a los negros en sus comunidades. Suplicaban a los líderes blancos que les ayudaran. Los oradores blancos pasaron la mayor parte del tiempo pidiendo perdón por la forma en que los negros e hispanos han sido tratados en los Estados Unidos. Se comprometieron a ser mejores. Eso fue todo: enojo de parte de los negros y sentimiento de culpa de parte de los blancos, pero ninguna acción concreta para avanzar hacia la reconciliación. Me enteré de que ninguno de los oradores tenía una iglesia con diversidad racial; es decir, no estaban haciendo nada al respecto. La gente se retiró de la conferencia, o bien afirmada en su enojo, o bien avergonzada de lo mal que su gente había tratado a los demás, pero nada cambió en verdad.

Las soluciones propuestas por los líderes nacionales no están funcionando. Algunos fomentan la división al hablar de guetos de negros en las grandes ciudades y de inmigrantes indeseables, mientras los otros tratan de parecer nobles inyectando dinero en esas mismas ciudades y defendiendo a los inmigrantes, fundamentalmente a los ilegales. La solución al racismo y la intolerancia no es la *preferencia* pasiva. Con eso no alcanza. El 2 de Abril de 1963, el Dr. Martin Luther King Jr., fue arrestado en Birmingham, Alabama. Ocho pastores blancos escribieron una carta, publicada en un periódico, titulada "Un Llamado a la Unidad", donde condenaban los métodos de resistencia sin violencia del Dr. King. En respuesta, él escribió su famosa "Carta desde la Cárcel de Birmingham". A continuación, un extracto de la misma:

Debo confesarles algo, mis hermanos cristianos y judíos. En primer lugar, debo confesar que en los últimos años me he sentido muy decepcionado por los blancos moderados. Casi he llegado a la triste conclusión de que el mayor obstáculo que los negros tenemos en nuestro camino hacia la libertad no son los miembros del Consejo de Ciudadanos Blancos ni los del Ku Klux Klan, sino los BLANCOS MODERADOS, que están más comprometidos con el "orden" que con la justicia; que prefieren una paz negativa que resulta de la ausencia de tensión, a una paz positiva resultante de la presencia de justicia. Aquellos que siempre dicen: "Concuerdo contigo en cuanto al objetivo que persigues, pero no puedo estar de acuerdo con los métodos que utilizas"; aquellos que paternalistamente creen que pueden definir en una

agenda el momento en que otro ser humano alcance
su libertad; quienes viven en un concepto mítico del
tiempo y que constantemente recomiendan a los
negros esperar "un momento más oportuno".

Al igual que el Dr. King, yo estoy decepcionado por los blancos
moderados. Vemos imágenes de blancos racistas marchando, pero
casi todos nosotros los tildaríamos de radicales de derecha. El
verdadero problema es que la gran mayoría de los blancos no son
movidos por la injusticia, no se levantan en favor de aquellos en
necesidad, y no tienen el estómago necesario para llevar adelante
los cambios que pueden traer la igualdad de oportunidades. Es
nuestra responsabilidad ponernos en la brecha, ayudar a la gente
a prosperar, enseñándoles a administrar su dinero, a aplicar para
un puesto de trabajo, o a continuar estudiando. Hemos hecho
algunas mejoras en los últimos años en lo que refiere a prácticas
justas en los procesos de contratación, en las admisiones de las
minorías en las universidades a través de las acciones afirmativas,
y otros avances, pero, en mi experiencia, la mayoría de los líderes
blancos ni siquiera tiene la inequidad racial y la injusticia social
en su radar. Puede que sea una necesidad imperiosa, pero para
muchos ni siquiera existe.

Podemos hacer más. Debemos hacer más.

Como ejemplo de pasos que se pueden dar, permíteme compartir lo que hemos hecho en dos áreas en los últimos años en
nuestra iglesia, Victory Church:

Educación

Cuando pienso en cómo ayudar a las minorías a lograr equipa-
rarse a los demás en los Estados Unidos, una de los primeros

pensamientos que tengo es la educación. Creo que mucha gente subestima el poder de la educación y cómo afecta a la habilidad de la persona de tener éxito.

Hace varios años, sentí que Dios me estaba hablando al respecto. Creí que Dios estaba llamando a nuestra iglesia a comenzar una escuela privada que brindaría a las minorías una educación de primer nivel y cultivaría los valores cristianos. La idea era contratar educadores de primer nivel y dar a las minorías la misma oportunidad que yo recibí cuando era niño. La escuela era una parte de nuestra misión hacia la comunidad, así que, al principio, nuestras contribuciones monetarias para ayudar a que las madres solteras y familias de bajos recursos pudieran inscribir a sus hijos eran cuantiosas. Después de varios años de trabajo y dedicación de mucha gente, la escuela Victory World Christian School se convirtió en la única escuela en el mundo en tener las cuatro acreditaciones más prestigiosas: certificaciones ACSI, International Baccalaureate, Cognia Advanced Ed, y Cognia STEM. Cada año, los alumnos obtienen calificaciones comparables a estudiantes dos o tres grados más avanzados en la currícula, y han sido incluidos en el programa Duke Tip, que reconoce al 5% de alumnos más destacados del país. Estos logros fueron alcanzados con un 90% de estudiantes de color que recibieron igualdad de oportunidades.

Salud

Tal vez nada sea tan esclarecedor en cuanto a la desigualdad como lo es la situación del acceso a la salud de las minorías. Hace unos años, compartí una cena con un amigo negro, el Dr. Leroy Graham. Conversamos acerca de qué podíamos hacer para mejorar el acceso a la salud de las comunidades de color próximas a nuestra iglesia. Concluimos que la iglesia debía ser parte de la solución, así que recaudamos $750.000 para comenzar. Con la ayuda de 240 médicos voluntarios, iniciamos el Centro Médico Bridge Atlanta. Hoy, tras algunos años de desarrollo y de asociarnos con la organización Good Samaritan, estamos atendiendo 500 pacientes por semana que no pueden pagar un seguro de salud. La verdadera bendición es que están siendo atendidos por algunos de los mejores doctores del estado, por médicos talentosos y doctores retirados pero que prestan sus servicios a tiempo parcial voluntariamente.

A veces pienso cómo sería si todas las iglesias en los Estados Unidos fueran parte de la solución a la desigualdad en lugar de esperar que el gobierno solucione todos los problemas. La iglesia puede abrir el camino. Creo que, si lo hacemos, el resto de la comunidad nos seguirá. Es una forma en que el pueblo de Dios puede demostrar el amor a aquellos que son distintos, a los marginados que se preguntan si realmente nos importan. Hemos escuchado últimamente conversaciones acerca de las reparaciones para corregir los errores del pasado. Tal vez la amabilidad, inclusión y generosidad de las iglesias puedan ser consideradas una forma de reparación para compensar nuestra ceguera y nuestros pecados en el pasado.

Para pensar

¿Cómo describirías cada uno de los puntos en el espectro?

* *Inclusión*
* *Paternalismo*
* *Preferencia*
* *Intolerancia*
* *Racismo*

¿Dónde te encuentras tú en esta escala? Explica tu respuesta.

Si tienes más de cincuenta años, ¿qué clase de conversaciones acerca de las cuestiones raciales tienes con la generación más joven? Si tienes menos de cuarenta años, ¿qué clase de conversaciones tienes con tus padres y abuelos?

¿Qué es totalmente razonable acerca de la preferencia en cuestiones raciales? ¿Qué tiene de malo?

¿Consideras que hay desigualdad racial en los Estados Unidos? ¿Por qué sí o por qué no?

¿Qué te haría querer moverte hacia arriba en la escala hacia la inclusión?

Capítulo 4

El amor todo lo conquista

Una serpiente de cascabel, si se encuentra arrinconada, se enoja tanto que se muerde a sí misma. Es exactamente lo que ocurre con la acumulación de odio y resentimiento para con otros —es morderse uno mismo—. Creemos que estamos dañando a otros al conservar estos odios, pero el mayor daño es a nosotros mismos. —E. Stanley Jones

Al comienzo de mi carrera, traté de descifrar qué tipo de iglesia quería Dios que construyéramos. Al leer la Biblia, el tema de la división racial y la reconciliación aparecía una y otra vez. Parecía ser algo importante para Dios. Muchos versículos familiares parecían saltar de la página. Un pasaje era la declaración que Jesús hizo a sus discípulos unas horas antes de ser traicionado y arrestado. Les dijo: "Así que ahora les doy un nuevo mandamiento: ámense unos a otros. Tal como yo los he amado, ustedes deben amarse unos a otros. El amor que tengan unos por otros será la prueba ante el mundo de que son mis discípulos" (Juan 13:34-35 NTV). ¿Por qué les dijo que era un "nuevo mandamiento"? ¿No habían leído muchos pasajes en las Escrituras acerca del amor? Sí, pero Jesús estaba elevando la vara. Lo nuevo era la calidad y la amplitud del amor que debían compartir entre ellos. Debían amarse los unos a los otros "tal como yo los he amado" —intencionalmente, sacrificialmente y pasionalmente, sobreponiéndose a cualquier forma de recelo o prejuicio—. Cuarenta días después recordarían este momento. Justo antes de ascender, Jesús les dijo que se extendieran más allá del pueblo judío, que invitaran a los samaritanos a la nueva familia de Dios, y que se acercaran a cada persona en el planeta para llevarles las buenas noticias del amor de Jesús.

Me di cuenta de que siempre estuvo en el corazón de Dios que Su amor reconciliara a la gente, primeramente con Él, y después los unos con los otros —de donde quiera que fueran, como fuera que se vieran, cualquiera fuera su manera de vivir—. De hecho, en Génesis, cuando Dios escoge a Abraham para encaminar Su plan después del comienzo desastroso, le prometió:

> Haré de ti una gran nación; te bendeciré y te haré famoso, y serás una bendición para otros. Bendeciré a quienes te bendigan y maldeciré a quienes te traten con desprecio. Todas las familias de la tierra serán bendecidas por medio de ti. (Génesis 12:2-3 NTV).

"Todas las familias de la tierra" significa no sólo una raza, no sólo una nación, no sólo un grupo étnico, sino todos. Dios no ama más a los blancos que a los negros, o a los asiáticos más que a los hispanos, o a los judíos más que a los gentiles. Todos son bienvenidos a Su familia.

Los creyentes en nuestro país todavía tenemos mucho trabajo que hacer. Le hemos llamado los Estados Unidos de América, pero no estamos para nada unidos. Es entendible que los no creyentes luchen por el poder, el prestigio, el placer y las posesiones.

Lo vemos en una escala mayor con las encarnizadas discusiones entre los estados azules y los rojos, Demócratas y Republicanos en el Congreso, y sus visiones polarizadas en prácticamente todas las temáticas importantes. Lo vemos en un nivel más personal, fundamentalmente en las redes sociales, donde los individuos se suben al tren de gente que desea condenar a quienes no piensan como ellos. Es la naturaleza de un corazón que no ha sido redimido. ¿Pero qué de la familia de Dios? ¿Por qué hay tanto enojo y lenguaje que divide entre quienes dicen haber sido transformados por el amor de Dios? Como he dicho anteriormente, estoy convencido que muchos de nosotros estamos mucho más influenciados por los valores del mundo que por los de Dios. También entiendo que hay fuerzas invisibles que operan: fuerzas de luz y fuerzas de tinieblas. Las fuerzas de luz nos invitan a amar como Jesús ama; las fuerzas de las tinieblas siembran suposiciones negativas que rápidamente enfrían los corazones. ¿Qué fuerzas se manifiestan en nuestras actitudes, nuestro comportamiento, nuestras palabras y nuestras publicaciones en las redes?

De adentro hacia afuera

Las fuerzas de la luz nos transforman desde adentro hacia afuera. En la segunda carta a los cristianos en Corinto, Pablo explicó cómo ocurría esta transformación. Comienza apuntando claramente al meollo de la cuestión. Sin haber experimentado el amor de Cristo, la transformación ni siquiera comienza:

> Porque el amor de Cristo nos constriñe, pensando esto: que si uno murió por todos, luego todos murieron; y por todos murió, para que los que viven, ya no vivan para sí, sino para aquel que murió y resucitó por ellos.

Pablo luego dice que el poder de la cruz de Jesús le ha dado nuevos ojos para ver a todas las personas:

> De manera que nosotros de aquí en adelante a nadie conocemos según la carne (raza, nacionalidad, talentos humanos); y aun si a Cristo conocimos según la carne, ya no lo conocemos así.

Cuando entramos a la familia de Dios sólo por gracia, sólo por fe, y sólo por Cristo, un milagro ocurre dentro nuestro:

> De modo que si alguno está en Cristo, nueva criatura es; las cosas viejas pasaron; he aquí todas son hechas nuevas.

Pero eso no es todo. Una vez que nos hemos reconciliado con Dios tenemos el tremendo honor de ser Sus manos, pies, y voz para invitar a otros a reconciliarse con Él. Y cuando lo hacen, también son reconciliados con nosotros.

> Y todo esto proviene de Dios, quien nos reconcilió consigo mismo por Cristo, y nos dio el ministerio de la reconciliación; que Dios estaba en Cristo reconciliando consigo al mundo, no tomándoles en cuenta a los hombres sus pecados, y nos encargó a nosotros la palabra de la reconciliación.

> Así que, somos embajadores en nombre de Cristo, como si Dios rogase por medio de nosotros; os rogamos en nombre de Cristo: Reconciliaos con

Dios. Al que no conoció pecado, por nosotros lo hizo pecado, para que nosotros fuésemos hechos justicia de Dios en él. (2 Corintios 5:14-21 RVR1960).

Un embajador representa a su país delante de la gente de otro país. Para ser efectivo en su función, debe trasladarse a ese país, hablar con fluidez su lenguaje y aprender las costumbres de la gente de esa nación. No se para en el límite de su país de origen y grita a la gente del otro país que están locos. Su trabajo —su privilegio— es sumergirse en la otra cultura para poder entender a su gente, hablar efectivamente con ellos y construir puentes entre las dos naciones. Ese es nuestro trabajo en nuestra relación con gente de otras razas, culturas y naciones.

En mi libro, *10 Cualidades que te mueven de un creyente a un discípulo,* describí las "cuatro dimensiones del amor", que conforman el tipo de amor que Jesús demostró hacia todos. Cuando nuestro corazón es cautivado por el increíble amor de Dios, nos damos cuenta de que Él conoce lo peor de nosotros y aún así nos ama, aún sabiendo que fallamos, nos considera Su tesoro, más valiosos que las estrellas en el cielo y que todas las joyas en la tierra. Cuando este amor derrite nuestro corazón, nuestras defensas caen, nuestras excusas desaparecen y nos parecemos a Jesús en nuestras relaciones. Amamos a *los desvalidos:* los pobres, los enfermos, los prisioneros y otros que no tienen manera de pagarnos nuestra amabilidad y generosidad. Amamos a *los perdidos:* gente que no conoce a Dios, cuyos estilos de vida pueden ser muy poco atractivos y cuyas elecciones reflejan el egoísmo arraigado en todo corazón humano. Amamos *interculturalmente:* gente del otro extremo del mundo, pero también a aquellos del otro lado de la ciudad (y tal vez, de la cuadra siguiente a la tuya).

Y amamos a nuestros *enemigos:* gente que nos ha traicionado, abandonado, abusado de nosotros, o nos ha ofendido en alguna manera. Nuestra tendencia es sólo valorar a la gente que es como nosotros, respetable y que no nos hace sentir incómodos, pero en las cuatro dimensiones del amor, vemos a la gente como Jesús la ve, no con nuestra percepción normal, sino a través de los lentes de Su gracia.

Podemos asistir a la iglesia durante décadas sin que nuestro corazón haya cambiado ni nuestra perspectiva al respecto de la gente lo haya hecho. Pero cuando el amor de Cristo nos compele, nos impacta que nos pueda amar tanto, y que viniera a sacrificarse por nosotros, se produce una transformación interna que nos da un nuevo corazón, nuevos ojos y un nuevo propósito. Los nuevos creyentes deben madurar en su fe para que esta transformación cambie sus relaciones, y los creyentes que están estancados necesitan que Dios los sacuda y los saque de su comodidad. Una de las principales evidencias de una persona que ha nacido de nuevo es un corazón transformado que ama a los desvalidos, a los perdidos, sin importar la diferencia de culturas, y que ama incluso a sus enemigos. Puede que no nos haya sido enseñado que la reconciliación racial es una idea de Dios, pero una persona que ha nacido de nuevo estará abierta a esto y anhelará agradar a Dios en esta área de su vida.

Cuando comencé a estudiar la reconciliación racial, sentí que Dios me preguntaba: "Dennis, ¿de veras amas a la gente de color tanto como amas a los blancos?". Pude responder, honestamente, "Sí, amo a negros y blancos por igual". Dios me preguntó lo mismo acerca de los hispanos, y luego de los asiáticos. Noté que Dios quería que cada vez mirara un poco más profundo en mi corazón, no que simplemente respondiera rápido la pregunta.

Me di cuenta de que, por primera vez en mi vida, comencé a sentir un amor sobrecogedor por gente de otras culturas. Si me hubieras conocido antes de que yo conociera a Cristo, te costaría mucho creer lo que estoy contando, pero Jesús me transformó. Cuando contesté, el Señor me hizo otra pregunta. Esta vez era más práctica y más personal: "¿Si diriges tu iglesia hacia la reconciliación racial, y muchos blancos abandonan la iglesia, te quedarías y serías un pastor amoroso y conforme con quien sea que yo envíe a tu iglesia?". Me di cuenta de que ya no era una pregunta hipotética más. Era una posibilidad real en el norte de Georgia. Respondí: "Sí, me quedaré; y sí, pastorearé a quien sea que Tú me envíes, Señor".

Algunos años más tarde, cuando nuestra parte de la ciudad se volvió más integrada, muchas iglesias predominantemente blancas se mudaron más hacia el norte para que su gente no tuviera que cambiar su perspectiva acerca de las relaciones raciales. Esta decisión me rompió el corazón porque era un mensaje fuerte y claro de que la gente de color no era bienvenida en esas iglesias. Los pastores y las iglesias pueden haber insistido en que la mudanza no tenía nada que ver con la raza, pero no les creo. Vendieron sus edificios y se movieron a zonas donde sus miembros estaban consiguiendo nuevas viviendas y, donde estaban separándose nuevamente de las otras razas. Nosotros nos quedamos porque consideramos que todas las personas son valiosas para Dios. ¡Fue la mejor decisión que nuestra iglesia ha tomado!

En esa época, mi hija Lauren asistía a una escuela privada cristiana donde todos eran blancos. Cuando le tocaba pasar a la secundaria, me reuní con el director y le pregunté si la escuela tenía la visión de extenderse hacia las comunidades de las minorías y hacer que la escuela fuera más integradora. Me dijo que ese concepto nunca había sido parte de la visión de los padres ni del liderazgo de la escuela y que no creía que fuera a ocurrir en el futuro cercano. Cuando escuché eso, hablé con Lauren y decidimos que era tiempo de que fuera a una escuela pública donde estuviera rodeada de gente de otras razas y compartiera su vida con ellos a diario.

Al poco tiempo de comenzadas las clases, Lauren entendió por qué una escuela debe ser integradora. En su último año, decidió postularse para presidente estudiantil para tener más influencia. Me contó que no creía que tuviera chances de ganar porque no era tan popular como algunos de los estudiantes que se habían postulado, pero que lo hacía porque sentía que el Señor la impulsaba a hacerlo. Me explicó que cada candidato debía dar un discurso de siete minutos antes de la votación, así que yo le sugerí que hablara acerca de la importancia de reconciliar las razas. Escribimos su discurso juntos y ella lo dio al día siguiente. Jamás olvidaré la llamada que recibí donde me contaba lo que ocurrió después de su discurso. Dijo que parecía que Dios la había tocado de alguna manera especial porque todos y cada uno de los estudiantes estaban atentos al mensaje porque hablaba precisamente de los desafíos que la escuela estaba enfrentando. Recibió una ovación de pie y ganó la votación holgadamente. Este mensaje resuena en los jóvenes en la actualidad, pero muchos padres no se toman el tiempo de involucrarse. Suelo pensar cómo sería si más padres enseñaran a sus hijos la importancia de estos temas y les animaran a ser parte de la solución y no del problema.

El gobierno no es la solución a las tensiones raciales y a la inequidad. La respuesta son los corazones transformados, y el único que puede lograrlo es Jesús. La experiencia de su asombroso amor nos cambia de modo tal que pensamos, sentimos y actuamos de maneras que nos conectan con la gente. Si esperamos que el gobierno solucione este problema, inevitablemente nos encontraremos de uno u otro lado, haciendo demandas y culpando a quienes no piensan como nosotros. No estoy diciendo que el gobierno no juegue un rol en esto. Los funcionarios federales, estatales y locales pueden elaborar políticas que creen oportunidades para que toda la gente pueda superar la pobreza, disfrutar de la seguridad y tener acceso a la educación y la salud. Definitivamente estoy a favor de este tipo de intervenciones, pero ni siquiera la mejor de las políticas puede hacer que la gente sea amable, llena de amor y gracia.

Elevarse

Una de las cosas maravillosas de las redes sociales es que nos permiten conectarnos con tanta gente por cualquier motivo. Tal vez lo más feo sea que las interacciones muchas veces se manifiestan a través de palabras venenosas que expresan odio contra cualquier cosa. Si anhelamos caminar en el amor de Dios y alcanzar a la gente, debemos aprender a elevarnos por encima de las ofensas, a ser fuertes para poder continuar avanzando y a ser humildes para seguir mostrando compasión en lugar de resentimiento.

En el año 2016, me encontraba dando una enseñanza sobre reconciliación racial e invité a un joven negro a subir al escenario para lavarle los pies. Tomé un tiempo para explicar que Dios había trabajado en mi corazón para darme un amor especial para la gente de todas las razas y que el lavado de pies era un símbolo de mi compromiso de limpiar la parte que se ensucia con la vida diaria. No me apresuré en el proceso. Mojé sus pies uno a la vez, los froté con delicadeza, los enjuagué, y los sequé. Le dije:

Necesitamos más de esto. Tal vez comience con nosotros en la iglesia. ¿Qué pasaría si, más allá de nuestra historia, comenzamos a amarnos y servirnos mutuamente? ¿Qué tal si cada uno de nosotros nos humillamos y decimos: "Te valoro"? Me importa lo que te ocurre. Me importa lo que tú vives en los Estados Unidos. Me importan tus heridas del pasado. Me importa la historia de mi raza contra la tuya, y te pido disculpas. Me arrepiento. No fui yo, personalmente, quien oprimió y esclavizó a tu gente, pero me hago responsable de lo que hizo mi raza. Jesús no lastimó a nadie, pero sí tomó la responsabilidad de traer sanidad a las heridas ocasionadas por otros. Asumió esa responsabilidad yendo a la cruz, y yo mismo necesito volver a la cruz. Necesitamos la sanidad en nuestra relación para poder ser uno. Tú representas a gente que siente que no es valorada y yo quiero que sepas que me estoy comprometiendo a valorarte. Quiero que crezcas en un país donde hay gente de otra raza que te valora. Te amo.

Cuando se subió el video de este momento en YouTube, se volvió viral. Muchos comentarios eran de apoyo y ánimo, pero algunos eran mordaces. Había mensajes que obviamente habían sido escritos por blancos, y otros por negros. Algunos eran bien pensados y otros eran incomprensibles. Estos fueron algunos de los mensajes de protesta: "¡Esto es un insulto! Las cuestiones raciales no deberían ser predicadas desde los púlpitos". "Esto es raro y asqueroso". "Lo lamento, pero como hombre negro esto me asustó"[22]. Algunos incluso me amenazaron diciendo cosas que no expondré en este libro. En ese momento, me di cuenta de que sólo estaba probando un poco de lo que Jesús debe haber sufrido al ser burlado, golpeado y clavado en la cruz por tratar de reconciliar a la gente con Dios. Al ver las respuestas al vídeo, también me doy cuenta de que cuando tratas de traer reconciliación y sanidad en área de profundo dolor e ira, estás asumiendo un riesgo. A lo largo de los años, he visto a muchos de mis amigos comenzar a tomar riesgos en esta área, y, al decir algo que no es bien recibido, sus amigos comienzan a excluirlos de las conversaciones. Es interesante: cuando las noticias muestran la injusticia racial, la gente pide que alguien levante la voz, pero cuando alguien lo hace, pide que se calle. Muchas veces parece una situación donde no se puede ganar, pero, como cristiano, tuve que ignorar los comentarios amargos y hacer lo correcto.

Algunos podrían argumentar que fui demasiado lejos al arrepentirme por los pecados de mi raza cuando lavé los pies del joven. Es cierto que yo no esclavicé a nadie, pero mi gente sí lo hizo, y ellos ya no están aquí. Los blancos racistas se escandalizan cuando hago esta confesión; y los blancos intolerantes no se quedan atrás. Los que prefieren a los de su propia raza suelen reaccionar con enojo o sorprendidos de que yo le de importancia al arrepentimiento por pecados históricos, mientras que los paternalistas sienten la "culpa del blanco" y suponen que su sentimiento de culpa es lo mismo que el arrepentimiento. La gente que realmente está comprometida con la reconciliación racial reconoce que es necesario este tipo de corazón para comenzar a construir un puente entre las razas. Por su parte, la gente de raza negra, casi en su totalidad, se muestra maravillada y agradecida de que una

---

22 "A white man washing a black man's feet. VERY TOUCHING," YouTube, Abril 2, 2017, *https://www.youtube.com/watch?v=Mtu5mYJTKJO*

persona blanca haya reconocido las injusticias perpetradas contra ellos por generaciones. Esta es solamente una manera de atender las ofensas que hemos causado. Yo puedo soportar las ofensas que recibo como contrapartida por tomar esta posición.

Perdón perpetuo

Cuando nos ofendemos por algo, detenemos el fluir del amor de Dios hacia los demás. Es cierto que la gente puede ser hiriente, pero nosotros tenemos una decisión que tomar: dejar que se convierta en resentimiento o "perdonar tan rápidamente y tan completamente como lo hizo el Maestro contigo".

Si alguien alguna vez tuvo razones para ofenderse, ese fue Jesús. Fue ridiculizado y burlado por los líderes religiosos. Uno de sus propios seguidores cercanos lo traicionó, entregándolo a los hombres que terminarían matándolo. Otro de sus seguidores negó conocerlo. Sufrió un juicio injusto y fue condenado a muerte por las dos instituciones que se suponía que impartían justicia —l gobierno y los líderes religiosos—. Fue brutalmente azotado y clavado en una cruz. ¿Cuál fue su respuesta? "Padres, perdónalos, porque no saben lo que hacen". Jesús vio más allá de la crueldad y vio que estaban perdidos. Sus acciones eran perversas, pero su pedido de perdón en favor de ellos seguramente resonó en sus corazones por el resto de sus vidas. ¿Quién hace algo así? Jesús … y aquellos que han sido moldeados por el amor de Jesús.

Nuestra fuente emocional, espiritual y relacional es el perdón. Podemos permitir que se acumulen las ofensas y que se endurezca y amargue nuestro corazón o podemos vivir en un estado de perdón perpetuo —viendo por debajo de la superficie y entendiendo que, incluso los racistas han sido creados a imagen de Dios—. Si lo vemos así, podremos perdonar más rápido. Eso es exactamente lo que Jesús hizo por nosotros. Él nos podría haber descartado por incorregibles e insalvables, pero nos amó tanto que no nos dio su espalda, sino que nos siguió amando.

Perdonar es una de las cosas más difíciles que podemos hacer porque va en contra de nuestros instintos. El autor Philip Yancey dice que el perdón es un "acto antinatural" y tiene razón. Queremos justicia, queremos venganza, queremos que sufran por lo menos tanto como nosotros. Pero eso sólo lleva a profundizar nuestro propio dolor. El Pastor y autor Lewis Smedes lo puso así: "El sentimiento de venganza es como tener un vídeo sembrado en tu alma que no puedes apagar. Continúa reviviendo una y otra vez la escena dolorosa en tu mente ... Y cada vez que la ves sientes el mismo dolor que la primera vez. Perdonar es apagar el reproductor de vídeo de ese dolor. Perdonar te hace libre"[23]. El pastor Frederick Buechner explica cómo el resentimiento acaba siendo autodestructivo: "De los siete pecados capitales, la ira es el más divertido. Lamerte las heridas, recordar los dolores del pasado, relamerte pensando en las confrontaciones venideras, saborear hasta el último pedazo de dolor —algunos saborean tanto el dolor sufrido como el infligido al otro—. Es como un festín para el rey. Lo negativo es que lo que estás saboreando es tu propia carne. Los huesos que quedarán tras el festín son los de tu esqueleto"[24].

En un instante, podemos tomar la decisión de perdonar, pero que no nos sorprenda que los sentimientos de dolor, pérdida y enojo permanezcan por un tiempo. Dios utiliza el proceso de duelo para sanarnos y fortalecernos. Mucha gente acumula ofensas durante toda su vida porque el dolor es demasiado profundo, o porque quienes ofendieron no están arrepentidos, y

---

23 Lewis Smedes, "Forgiveness: The Power to Change The Past," *Christianity Today*, Enero 7, 1983.

24 Frederick Buechner, *Wishful Thinking*, (San Francisco: Harper San Francisco, 1993), p. 2.

probablemente vuelvan a hacerlo. Pero mientras más demoremos nuestra decisión de perdonar, más fácil se hace decir: "No es gran cosa. Ya lo superé". Pero en realidad sí es gran cosa y no lo hemos superado hasta que lo tratamos en la presencia de Jesús. Escoge perdonar, por tu propio bien. Escoge perdonar, por el bien de la otra persona, y para que haya una oportunidad de enmendar la relación. Y por amor a Dios, escoge perdonar, porque te permitirá brillar con la luz de Su amor.

Sigue amando

Cuando la luz brilla sobre la injusticia y la desigualdad, la gente reacciona con emociones muy fuertes. Las víctimas del maltratato —fundamentalmente por parte de las autoridades como la policía o los políticos— suelen sobrerreaccionar con un lenguaje enardecido, y con demandas que van mucho más allá de la corrección de las ofensas, llegando incluso a situaciones de violencia. Y por supuesto que, como contrapartida, quienes están comprometidos con el statu quo, sobre reaccionan a esta sobrerreacción, ignorando la verdadera injusticia por enfocarse en la reacción exagerada de las víctimas. Vemos como esta ida y vuelta se repite con cada hecho de mala conducta policial, o cuando los inmigrantes son demonizados o los desvalidos son dejados de lado.

Es fácil ser atrapados por estas reacciones y olvidar quiénes somos. No somos primeramente Republicanos o Demócratas, con un hacha para atacar a un lado político o al otro. Somos, primeramente, personas que hemos sido rescatadas de la muerte y el pecado por Jesús. ¿Estamos suficientemente arraigados en el amor de Dios como para poder ser objetivos en esta guerra dialéctica? ¿Somos capaces de amar a las víctimas que reaccionan explosivamente y que demandan cambios drásticos e instantáneos?

¿Podemos amar a quienes son rápidos para desestimar a las víctimas? ¿Somos considerados verdaderos amigos por ambas partes y suficientemente sabios como para buscar respuestas válidas a las preguntas difíciles?

Éste es nuestro desafío y nuestro llamado: seguir amando a la gente, aún cuando sus emociones los han superado. Estamos rodeados por gente así a diario.

La medida de amor

Hace varios años, escuché a un hombre hacer una declaración que transformó mi mundo. Él dijo: "Tu amor por Dios puede ser medido por tu amor por la persona a la que menos amas". Para darle sustento a esta afirmación, utilizó un pasaje de la Biblia: "Nosotros le amamos a él, porque él nos amó primero. Si alguno dice: Yo amo a Dios, y aborrece a su hermano, es mentiroso. Pues el que no ama a su hermano a quien ha visto, ¿cómo puede amar a Dios a quien no ha visto? Y nosotros tenemos este mandamiento de él: El que ama a Dios, ame también a su hermano" (1 Juan 4:19-21).

Solemos creer que la medida de nuestro amor es evidenciada por nuestra amabilidad hacia nuestra familia y amigos (suponiendo que no sean nuestros enemigos...). ¿Quién es esa persona a la cual no soportas? ¿Qué nombre te hace apretar los dientes al escucharlo? ¿Quiénes son las personas que evitas? ¿A quiénes criticas, ya sea de frente, a sus espaldas o anónimamente en las redes?

¿Podemos amar a la gente que no nos ama, que no tiene nada para ofrecernos y que es verdaderamente ofensiva? Hace unos años, mi esposa Colleen y yo entramos a un local de belleza a comprar productos para el cabello. Colleen estaba teniendo dificultades para que la joven de raza negra que atendía el local le brindara asistencia. No había nadie más en el negocio, pero aún así la joven no la atendía. Ante las preguntas, contestaba corta y vagamente. Minutos más tarde, una clienta de raza negra ingresó al local y la atención de la joven fue totalmente distinta. Fue cordial, amable, proactiva y servicial con la mujer de su misma raza.

Fue evidente que Colleen estaba siendo tratada con desdén por su color de piel. Colleen se dio cuenta de que tenía una decisión que tomar: podía permitir que lo que acababa de vivir la frustrara y salir enojada de la tienda o podía ver la situación como una oportunidad para amar como Jesús lo hace. El Señor le hizo entender que, seguramente, la mujer había sufrido experiencias dolorosas con gente blanca. Si Colleen se iba enojada, hubiera confirmado los prejuicios de la joven, pero si se quedaba tenía la posibilidad de mostrarle una experiencia totalmente distinta con una mujer blanca. Pensó: *No se trata de la experiencia que ella me está brindando sino de la que yo le estoy brindando a ella. Puedo mostrarle amor, aunque ella me lo esté poniendo difícil.* Colleen se quedó, fue muy cordial e hizo todo lo posible por conversar con la mujer. Luego de realizar la compra, agradeció a la vendedora y nos fuimos. ¿Fue una experiencia transformadora para la joven vendedora? Tal vez no, pero al menos quitó una roca de la pila de resentimientos que venía acumulando a lo largo de los años en sus interacciones con la gente blanca.

La gente con la que interactuamos a diario puede tener muchas razones para tener sentimientos negativos hacia la gente de otras razas. El prejuicio y la preferencia han sido modelados por sus familias y reforzados por sus amistades, pero también están influenciados por experiencias dolorosas. Nuestra función es ofrecer mejores experiencias a la gente. Puede que no veamos grandes cambios porque pueden ser necesarios muchos más encuentros positivos para revertir la opinión de una persona, pero también puede ocurrir que nuestro acto de amor sea justo el que incline la balanza hacia una opinión positiva. Como sea, es lo que Jesús haría. Es lo que Jesús hizo. El amor todo lo conquista.

Para pensar

¿Qué señales indican que un corazón ha sido sobrenatural-mente transformado (no sólo moralmente restringido)?

¿Cuál es el rol legítimo del gobierno en las políticas sociales y las relaciones raciales? ¿Cuáles son sus limitaciones?

¿Cómo sueles responder cuando te ofenden?

¿Qué crees que significa "vivir en un estado de perdón perpetuo"? ¿Te parece algo atractivo? ¿Te parece algo posible?

¿Qué nombre te hace apretar los dientes al escucharlo? ¿A quién evitas? ¿Qué reflejan tus respuestas acerca de la medida de tu amor hacia Dios?

¿Qué puedes hacer hoy para mostrar amor hacia una persona que normalmente pasarías de largo o ignorarías?

Capítulo 5

¿Iguales?

Como nación, comenzamos declarando que "todos los hombres son creados iguales". Pero en la práctica, en la actualidad, leemos "todos los hombres son creados iguales, excepto los negros". Cuando los que no saben nada estén en control, se leerá "todos los hombres son creados iguales, excepto los negros, los extranjeros y los católicos". Cuando llegue a ese punto prefiero emigrar a algún país donde no se jacten de amar la libertad —a Rusia, por ejemplo—, donde el despotismo por lo menos es puro y sin hipocresía. —Abraham Lincoln

P ara ir más allá de la preferencia y el paternalismo, debemos ver a todos como iguales. Cualquier tipo de superioridad, aún si nos motivara a dar generosamente a causas interculturales, sigue creando una barrera entre nosotros y ellos. Y funciona en los dos sentidos. Dada nuestra historia, especialmente en el Sur de Estados Unidos, muchos blancos se consideran superiores, pero los negros, hispanos, asiáticos y nativos americanos también pueden ver a los blancos y decir: "¡Por lo menos no somos intolerantes como ellos!". Claro que al decir eso, demuestran ser igualmente intolerantes.

La igualdad es la base para la reconciliación racial, y es mucho más difícil de alcanzar de lo que parece.

Cuando comenzamos nuestra iglesia en el año 1990, nuestra parte de la ciudad era predominantemente blanca, por lo cual, la gente que asistía a la iglesia era predominantemente blanca. Yo solía predicar sobre la raza y la igualdad, y más gente de color comenzó a venir. Al séptimo año, nuestro grupo se veía bastante equilibrado racialmente. En ese momento, pedimos a una mujer jamaiquina que fuera una de nuestros líderes de alabanza, y esa decisión de ponerla al frente abrió las compuertas para que más gente de color comenzara a venir a nuestra iglesia Victory. Comenzamos a ver un influjo de gente de color hacia nuestra iglesia. Vinieron porque vieron una cara familiar sobre la plataforma, y muchos me dijeron que estaban sorprendidos de escuchar a un pastor blanco abogar por el amor, el respeto y la igualdad entre las razas. Se daban cuenta que no era sólo retórica vacía y deseaban ser parte de algo que no esperaban ocurriera por muchos años.

Al poco tiempo, la mezcla racial ya no estaba equilibrada. No tenía importancia en el servicio de alabanza, pero sí supuso un problema en el ministerio de niños. Algunas parejas blancas jóvenes con niños pequeños comenzaron a sentirse incómodos con dejar a sus niños. Había varios inconvenientes: algunas de nuestras maestras eran mujeres africanas —africanas, no afroamericanas—. Eran inmigrantes de primera generación de Nigeria, Kenya y otros países. En sus culturas, las madres y las maestras hablan con más autoridad a los niños, pero a los padres blancos les parecía inapropiado y agresivo. Estaban acostumbrados a que las mujeres negras en el Sur eran deferentes y atentas. Los padres blancos, especialmente los que tienen niños pequeños, tienden a ser un poco sobreprotectores, y muchos concluyeron que los niños no estaban seguros en ese ambiente —o por lo menos, no tan seguros como ellos hubieran querido—. Además, ahora los niños blancos eran minoría en las clases.

Puedo imaginarme las conversaciones entre esos padres. Muy pocos se acercaron a expresarme sus preocupaciones. En vez de eso, comenzaron a "probar" otras iglesias cuyos ministerios de niños les hacían sentir más cómodos —iglesias predominantemente blancas—. Un número importante de estas familias decidió dejar nuestra iglesia.

Entiendo su posición. Yo también atesoro a mis hijos y quiero que tengan la mejor experiencia posible en la iglesia. Pero, en mi opinión, la mejor experiencia posible incluye más que una historia bíblica, actividades divertidas y una galletita. Incluye el aprender a seguir a Cristo en una comunidad de fe diversa. Desearía que una proporción mayor de los padres blancos se hubieran acercado a hablarme, y desearía que su solución hubiera sido involucrarse en el ministerio de niños para ofrecer su liderazgo y generar un balance. Pero no lo hicieron. Al menos, la mayoría no lo hizo. Después de esto, nos sentamos con nuestras maestras y le explicamos el desafío que estábamos experimentando con los padres blancos. Me animó mucho ver cómo respondieron con amor. Estaban muy dispuestas a ser sensibles con los niños blancos que ahora eran la minoría en la clase. Nos involucramos más y tuvimos fantásticas conversaciones con Lauren para ayudarla a entender el valor de la diversidad. La experiencia la hizo más sabia, más fuerte y más amorosa hacia la gente de color. Lauren nos dijo más adelante lo agradecida que estaba de haber podido experimentar la diversidad y los desafíos que traía aparejada.

Durante años, seguí la evolución de muchas de las parejas que se habían ido de nuestra iglesia. Habían estado muy involucradas en el liderazgo y el voluntariado y nos habíamos vuelto amigos cercanos. Habían sido parte importante de Victory, pero tras meses y años en otras iglesias, muy pocos participaban activamente en las vidas de sus nuevas iglesias. Se habían enganchado fuertemente en Victory, pero se habían desenganchado de sus nuevas iglesias. Muchos de ellos no llegaron a encontrar una iglesia a la cual llamar hogar. Han desvariado de una iglesia a otra, siempre insatisfechos, sin entregarse en el servicio, nunca confiando en que Dios los use como lo hacía cuando estaba con nosotros. He aprendido que esto no es poco común. Cuando las familias dejan la iglesia, una porción importante desvaría como un bote sin ancla —movida por los vientos y las olas de la cultura—. Tal vez los que se fueron estaban tan profundamente decepcionados por sus experiencias en Victory que no pudieron animarse a involucrarse profundamente en otro lado. O tal vez, era simplemente más fácil seguir así.

Esta fue la época en la cual Victory se volvió menos diversa. Cuando las familias blancas se iban, cada una consistía de padres e hijos, pero cuando una familia blanca o hispana venía, traía con ella a sus padres, hermanos, hermanas, sobrinos y sobrinas, tíos y tías, y vecinos. Fue un tiempo de crecimiento veloz. Esto muestra cómo la gente de las distintas culturas conecta con sus familias. Si tienes una historia de experimentar el prejuicio, lo normal es que haya una tendencia a hacer de tu familia tu red de contención. Se necesitan mutuamente para recibir el ánimo necesario para enfrentar las decepciones que surgen al vivir, a diario, en un mundo que no siempre es justo. Cuando un miembro de la familia encuentra una iglesia que lo valida, quiere que todos en su familia experimenten el mismo amor. Por su parte, la mayoría de las familias blancas no vive bajo una nube de prejuicio racial, por lo cual no tienen necesidad de tener a la familia como apoyo.

Tienden a llevar vidas más independientes que las familias negras e hispanas, por lo tanto, tienen menos probabilidades de traer a su familia extendida a la iglesia.

Diferentes puntos de vista

En miles de conversaciones, especialmente después de los asesinatos de jóvenes negros a manos de la policía, de disturbios raciales y de marchas de los nacionalistas blancos, he notado dos perspectivas muy distintas en las mentes y corazones de la gente. La gente blanca usualmente identifica el lenguaje y comportamiento racista como un pecado individual —esa *persona* tiene un problema—. La gente de color usualmente ve al racismo como una falla *institucional* (de allí el término *racismo sistémico*). Es producido y prolongado por el racismo abierto y encubierto en las leyes, políticas, cortes, fuerzas de seguridad, escuelas, el sistema de justicia y muchos otros aspectos de nuestra cultura. Ellos consideran que el racismo es el fruto amargo de un árbol que tiene raíces muy profundas, y no es suficiente enfocarse en un solo fruto. Por supuesto, creen que las instituciones son lideradas por gente blanca con muy pocos toques de color, por lo cual, según ellos la raza blanca, en su totalidad, es la culpable del problema.

Es difícil argumentar que no existe un sesgo racial en nuestras instituciones. Un artículo en *US News & World Report* presenta estadísticas alarmantes:

- Los niños negros conforman el 18% de la población pre-escolar pero representan casi el 50% de las suspensiones de los colegios.
- Los niños negros tienen el triple de probabilidades de ser suspendidos antes de graduarse de la escuela secundaria, y

casi 7 de cada 10 estudiantes reportados a la policía por las escuelas son negros o hispanos.

- El sistema judicial juvenil es 18 veces más propenso a condenar a los niños negros como adultos que a los niños blancos. Además, los jóvenes negros representan casi el 60% de los niños en detención juvenil.
- Los hombres negros enfrentan el triple de probabilidad de ser detenidos en un puesto de control de tráfico y el séxtuplo de probabilidad de ir a la cárcel. La organización Sentencing Project encontró que la razón para esta disparidad no radica en que los negros sean más propensos a la actividad criminal, sino en que hay una "asociación racial implícita de los negros con comportamientos agresivos y peligrosos".
- Antes de que se eliminaran los procedimientos de "Parar y Registrar" en la ciudad de Nueva York, los negros enfrentaban el triple de probabilidad de ser detenidos que los blancos. Los hispanos enfrentaban el cuádruple de probabilidad.
- Un negro condenado por asesinar a un blanco tiene el doble de posibilidades de recibir pena de muerte que un blanco condenado por asesinar a un negro.
- El 77% de los ejecutados por pena de muerte mataron a una persona blanca y sólo el 13% mató a una persona de raza negra.
- Entre los afortunados que logran graduarse de la universidad, los graduados negros tienen el doble de posibilidad de tener dificultades para conseguir empleo.
- En general, la tasa de desempleo de los negros es el doble de la de los blancos. Gente con "nombres típicamente asociados a personas de raza negra" tuvieron que presentar un

50% más de aplicaciones que aquellos que tienen "nombres típicamente asociados a blancos".

- El 73% de los blancos son propietarios de sus viviendas, mientras que, para los negros ese porcentaje baja al 43%.[25]

El acceso a la salud siempre ha sido un problema para los pobres, y particularmente para la gente de color que es pobre. Las estadísticas muestran que un niño negro nacido en algunos estados del Sur tiene menor expectativa de vida que un niño nacido en Bangladesh.[26] Y durante la crisis de la pandemia del COVID-19, los negros están muriendo en tasas que duplican a las de los blancos. Algunas de las disparidades se deben a que muchos negros e hispanos son considerados trabajadores "esenciales" en hospitales, plantas de envasado de carne y otros trabajos, lo cual los expone en mayor medida al riesgo de contraer el virus, pero también juega un rol la desigualdad en el acceso a la salud, que es un hecho consistente en nuestro país. La mortalidad infantil de la raza negra duplica la de la raza blanca, y la mortalidad materna durante el embarazo o el parto de la raza negra también es el doble a la de la raza blanca. Poco antes de ser asesinado en 1968, Robert Kennedy observó: "Esta es la violencia de las instituciones; la indiferencia, la inacción y la lenta decadencia. Esta es la violencia que aflige a los pobres, que envenena las relaciones entre las personas de distinto color de piel. Es la lenta destrucción de un niño por hambre, por escuelas que no tienen libros y viviendas sin calefacción"[27].

---

25 "Institutional Racism Is Our Way of Life," Jeff Nesbit, *U.S. News and World Report*, Mayo 6, 2015, *https://www.usnews.com/news/blogs/at-the- edge/2015/05/06/institutional-racism-is-our-way-of-life*

26 "State-Level Variations in Racial Disparities in Life Expectancy," NIH, *https:// www.ncbi.nlm.nih. gov/pmc/articles/PMC3393007/*

27 "Remarks to the Cleveland City Club, Abril 5, 1968," Robert F. Kennedy Papers, *https://www. jfklibrary.org/learn/about-jfk/the-kennedy-family/robert- f-kennedy/robert-f-kennedy-speeches/ remarks-to-the-cleveland-city-club- april-5-1968*

En una entrevista con Nicholas Kristof, Michelle A. Williams, Decana de la Escuela de Salud Pública de Harvard, afirmó: "Esa realidad es palpable, no sólo en el flagelo de la violencia policial que mata desproporcionadamente a negros, sino también en los vestigios de la esclavitud y la segregación que han permeado los determinantes sociales de la salud. El racismo ha impedido a los negros americanos beneficiarse de los avances por los cuales han luchado, sangrado y dado sus vidas a lo largo de la historia. Esta realidad se manifiesta de múltiples maneras: desde escuelas desfinanciadas hasta la destrucción de los programas sociales y de salud, la discriminación financiera, los encarcelamientos en masa, la supresión del voto, la brutalidad policial, etc. Sin duda, esto está dañando la salud y terminando prematuramente con las vidas de los negros"[28].

Un estudio realizado por la CDC (Centro de Control de Enfermedades) encontró que la pobreza ha tenido un efecto directo en los desenlaces en términos de salud tanto antes como después de la pandemia. La gente relativamente más adinerada tiene mejores dietas, viviendas, condiciones de trabajo y menores niveles de estrés. Los pobres tienen tasas significativamente más altas de diabetes, obesidad, asma, hipertensión, enfermedades del riñón y pulmonares. Los vecindarios de bajos ingresos tienen mayor proporción de habitantes de color. La correlación entre la salud y factores como el ingreso y la raza se ha vuelto más fuerte en los años recientes a la vez que la brecha entre los ricos y los pobres se ha ensanchado. Frederick Zimmerman, autor de un estudio de la UCLA, concluyó: "Lo que sabemos sobre la salud poblacional es que, en gran medida, está determinada por factores de política económica y social. Dado que nuestra política actual

---

28 "What If There Were No George Floyd Video?" Nicholas Kristof, *New York Times*, Junio 6, 2020, *https://www.nytimes.com/2020/06/06/opinion/sunday/ george-floyd-structural-racism.html*

favorece a quienes tienen mayor poderío social y económico, no sorprende que los resultados, en términos de salud, favorezca a quienes están en el poder. Aquellos que están excluidos del poder, excluidos del proceso de toma de decisión, han sido exprimidos y su salud ha sufrido"[29].

Ya he discutido acerca de la desigualdad en el ingreso y la disparidad de la riqueza de los hogares. Algunos blancos descartan esto diciendo: "Es su propia culpa", "Si trabajaran más duro, serían más exitosos", o "Si tomaran mejores decisiones, se evitarían muchos problemas". Es cierto que no todos los blancos son racistas, pero muchos son intolerantes y muchos más demuestran preferencia hacia su propia raza, y no están dispuestos a mirar con detenimiento la forma en que nuestra cultura está inclinada contra la gente de color. No estoy excusando los comportamientos criminales o irresponsables; sólo digo que las desigualdades en nuestro país son reales. Considero que, como mínimo, tenemos que ser más comprensivos y compasivos con quienes deben avanzar sobre un terreno minado.

La gente de color está totalmente al corriente de los obstáculos sistemáticos en nuestra sociedad. Lo viven a diario. Tienen razón al señalar la injusticia, pero deben evitar decir que todos los blancos son miembros del Klan que lo único que quieren es perjudicar a la gente de color. En su lucha contra el sesgo institucional, necesitan estar abiertos a establecer conexiones con aquellos blancos que están *a favor* suyo —y conozco muchos que lo están—.

---

29 "Who Is Most Likely to Die From the Coronavirus?" Yarna Serkez, *New York Times*, Junio 4, 2020, *https://www.nytimes.com/ interactive/2020/06/04/opinion/coronavirus-health-race-inequality. html?action=click&module=Opinion&pgtype=Homepage*

Pero para la amplia mayoría de la gente blanca, la justicia social requiere mucho más que una sonrisa. En su libro, *White Fragility*, Robin DiAngelo comenta: "Para que se siga reproduciendo la desigualdad racial, el sistema sólo necesita que la gente blanca siga siendo muy amable y continúe con su vida —que sonrían a la gente de color, que cada tanto almuercen con gente de color—. Claramente, ser amables es mejor que ser odiosos. Pero la amabilidad no pondrá al racismo en el centro de atención cuando tantos otros blancos quieren evitar que se discutan estos temas. La amabilidad no quiebra con la solidaridad blanca y el silencio blanco. De hecho, hablar de racismo suele ser visto como poco amable, como un disparador de la fragilidad blanca"[30].

Puntos de partida

Es parte de la naturaleza humana el compararnos con otros —individualmente, como parte de un grupo y como raza—. Por ejemplo, cuando estoy con pastores, suelo escucharlos hablar acerca de los tamaños de sus iglesias y cuántos "Me gusta" están recibiendo en sus redes sociales. Los artistas no comparan el tamaño de sus iglesias sino su trabajo, su fama y los valores a los que se venden sus producciones. Los ingenieros se comparan con otros ingenieros, los CEOs con CEOs, los plomeros con plomeros, y los escritores con escritores. La comparación es una función que viene por defecto en los corazones de las personas y produce superioridad, inferioridad, orgullo y vergüenza.

Un corazón duro y que no ha sido regenerado es tierra fértil para el racismo. Un corazón creyente pero inmaduro permite la intolerancia y condona la desconfianza. Hasta que nuestros corazones sean cambiados, no sólo toleramos nuestro sentido

---

30 Robin DiAngelo, *White Fragility* (Boston: Beacon Press, 2018), p. 153.

de superioridad sobre otros, sino que lo disfrutamos. Quienes tienen estas perspectivas no entienden cómo Dios ve a la gente, y muchas veces tampoco les importa. Hasta que nuestros corazones sean ablandados por el amor de Dios, no veremos a los demás cómo más importantes que nosotros mismos y no los amaremos como Jesús lo hace.

Pero, así como un pez no se da cuenta de que el agua es mojada, muchos de nosotros no nos enteramos de cuánto y cuán profundamente nuestras vidas son moldeadas por la comparación. En consecuencia, algunos tratamos de intimidar a la gente para tener control sobre ellos, otros sentimos la necesidad de solucionar los problemas de los demás para que nos aprecien, otros nos esforzamos para ser amables para recibir amabilidad de parte de los demás, y otros transcurren todas sus vidas escondiéndose a plena vista para evitar cualquier amenaza de rechazo o fracaso. Estas reacciones profundamente arraigadas en nosotros dan forma a todos nuestros objetivos y afectan nuestras relaciones. Sólo cuando nuestros corazones son transformados por la gracia de Dios dejamos de compararnos y de controlar, y empezamos a amar verdaderamente a la gente. Cuando hemos sido reconciliados con Dios, tenemos la motivación, la seguridad y el poder de tomar los pasos necesarios para reconciliarnos con la gente.

Ser amables con la gente para demostrar que somos buenos no es más que utilizarlos para nuestro propio beneficio. Hacer declaraciones de amor sin un verdadero cambio de corazón hace que nuestras palabras sean falsas y repulsivas —particularmente para la gente a la cual decimos amar—. Como hemos visto, el verdadero cambio ocurre cuando una persona recibe la revelación de cuánta impotencia y desesperanza hay en una vida lejos de Dios. En ese punto, ya no confiamos en qué tan decentes o competentes somos, ya no creemos que nuestra bondad sea suficiente para ser aprobados por Dios y ya no pensamos que ser mejor persona que alguien más nos dé una posición superior delante de Dios. Por el contrario, entendemos que no tenemos nada, absolutamente nada, que pueda impresionar a Dios. Nuestras manos están vacías, pero miramos hacia la cruz donde Jesús pagó la pena por nuestro pecado. Él recibió el castigo que nosotros merecemos para que recibamos el honor que Él merece. Un corazón emocionado de haber sido amado y perdonado está dispuesto a perdonar y amar a otros, no para probar un punto sino como una expresión de profunda gratitud. Cuando nos sobrecoge el entendimiento de lo fabulosamente ricos que somos en el amor de Dios, somos generosos y compartimos ese amor con otros. Un corazón transformado inevitablemente nos mueve a amar a quienes antes hubiéramos considerado indignos de amor. Puede que nos tome un tiempo llegar a una postura de inclusión, pero cada nueva perspectiva y cada decisión nos llevará en esa dirección.

La Biblia dice que en el mismo momento en que hemos decidido confiar en Jesús "el amor de Dios ha sido derramado en nuestros corazones por el Espíritu Santo que nos fue dado" (Romanos 5:5 RVR1960) y que el amor comienza a fluir desde nosotros en cada relación que tenemos. En ese punto, ya no vemos ni colores ni clases, sólo vemos individuos y los amamos.

Cuando nuestros corazones son transformados por la gracia de Dios, entenderemos dos verdades cruciales: Todas las personas tienen valor y amar a quienes son distintos de nosotros no es una opción.

Todas las personas tienen valor inherente

Somos personas con opiniones: nos gusta más este restaurante que aquél, alentamos a nuestro equipo y no a otro, nos gusta más este peinado que aquél, nos gusta pescar en este sitio y no en el otro, y así podríamos seguir con tantas cosas. Instintivamente hacemos rankings de cada cosa, así que no sorprende que también hagamos un ranking de las personas basados en el criterio que sea que escojamos.

Sin embargo, la perspectiva del Reino es más alta, más rica y más profunda —también es mucho más desafiante—. En el primer libro de la Biblia, Dios dice que fuimos creados a Su imagen (Génesis 9:6). ¿Qué significa esto? Décadas atrás, en *All in the Family,* Archie Bunker reflexionaba sobre esta verdad y decía: "¡Dios se parece a mí!". Puedo decir, casi con seguridad, que no es el caso. Hay algunas características de Dios que Él imparte en los seres humanos y otras que se las reserva para Sí mismo. Al igual que Él, somos eternos y viviremos para siempre, tenemos un sentido de justicia, tenemos la capacidad de amar, ser bondadosos y misericordiosos, y tenemos un propósito. Pero no somos omnipotentes, omniscientes, omnipresentes, ni soberanos sobre todas las cosas. Y por supuesto, incluso los rasgos que compartimos con Dios se ven muy empañados en nuestro caso.

Pero no sólo *nosotros* fuimos creados a la imagen de Dios … *ellos* también. Los conservadores suelen pensar que la gente debe recibir lo que merece. ¿Qué dice la Biblia que merecemos? Toda persona, desde el niño por nacer, pasando por la persona más brillante y talentosa, hasta el anciano más incoherente, sin importar el color o la nacionalidad, es más valiosa que el oro, el petróleo, alguna propiedad, diamantes y cualquier otra cosa que nos parezca preciosa. Eso es verdad cuando te miras al espejo.

También es verdad cuando ves a una persona que vive en la calle. También es verdad cuando piensas en un administrador de fondos millonario o cuando ves a un jardinero. Nadie escapa a esta increíble evaluación positiva.

¿Quién lo cree? En cierta forma, todos lo creemos. En la carta a los Romanos, Pablo explica que incluso la gente sin Dios que observa la creación tiene esa sensación de que Dios ha hecho "su eterno poder y deidad" entendible (Romanos 1:19-20). Más adelante en la carta dice que "aun los gentiles, quienes no cuentan con la ley escrita de Dios, muestran que conocen esa ley cuando, por instinto, la obedecen, aunque nunca la hayan oído. Ellos demuestran que tienen la ley de Dios escrita en el corazón, porque su propia conciencia y sus propios pensamientos o los acusan o bien les indican que están haciendo lo correcto" (Romanos 2:14-15 NTV). Esta verdad y esta ley definen la dignidad y el valor inherente de toda persona sobre el planeta.

A algunos les sorprende, aunque a otros no, que los inconversos suelen ser más considerados con los pobres, marginados, encarcelados y enfermos que algunos cristianos. El teólogo D. A. Carson escribió: "Actos de bondad y sacrificio aparecen en todas las razas y toda clase de seres humanos, no porque seamos simples mezclas del bien y el mal, sino porque Dios muestra su gloria y su bondad aún en medio de nuestra profunda rebelión"[31]. En lugar de llevar un registro de quién es aceptable y quién no, deberíamos asociarnos con los inconversos que tienen un corazón misericordioso y justo. Todos hemos sido creados a imagen de Dios, quien es misericordioso y justo. Los inconversos compasivos han sido creados a Su imagen, así como las personas en necesidad. Los creyentes tienen un mensaje de gracia que le da más sentido

---

31 D. A. Carson, *Christ and Culture Revisited* (Grand Rapids: Eerdman's Publishing: 2012), p. 49.

a todo esto, pero muchos inconversos tienen corazones amables y generosos.

Nuestro Salvador fue conocido por su inmenso amor sacrificial por "esa gente" —los extraños y los que no encajaban—. Al conocerle mejor y seguirle más de cerca, nos haremos conocidos por nuestro amor sacrificial hacia los despreciados e ignorados de la sociedad. Las etiquetas de derecha o de izquierda, conservador o liberal, sonarán irrelevantes. Viviremos por una causa mucho más importante que todas éstas.

Puede que estés a punto de saltar de tu silla para preguntarme: "Hey, ¿estás diciendo que los comportamientos irresponsables y dañinos no importan?". Bueno, sí y no. El pecado empaña la imagen de Dios en todos nosotros, pero no la elimina. Si Jesús pudo dejar Su gloria y comodidad en el cielo para vivir como humano y morir en nuestro sitio, seguramente podemos hacer el esfuerzo de cruzar la calle para mostrarnos amables con alguien en necesidad. Pero las acciones irresponsables por supuesto que importan. Estamos rodeados de gente autodestructiva, con avaricia, amargura, adicciones, abuso, abandono, decisiones necias acerca del uso del dinero y muchas otras malas elecciones. Si los amamos como Jesús lo hace, no daremos un paso atrás y miraremos con condenación. Daremos un paso hacia adelante, les aseguraremos que Dios tiene un propósito para ellos y les perdona, y les mostraremos un camino hacia adelante. Algunos lo tomarán; muchos no. Nuestro privilegio y responsabilidad no es hacerlos cambiar, sino ofrecer una salida a la situación desastrosa que viven y soportan.

Las personas son individuos

Es fácil generalizar por grupos de personas: los blancos son así, los negros son así, los hispanos o los asiáticos siempre hacen lo mismo, los nativos americanos siempre insisten en esto otro. ¿Por qué hacemos evaluaciones tan generales —que generalmente son condenatorias—? Porque nos resulta más fácil. Si logramos etiquetar una clase o raza entera como inaceptable, entonces podemos evadir cualquier responsabilidad de involucrarnos en sus vidas y tomarnos el trabajo de realizar observaciones matizadas. Cuando dejamos de usar etiquetas universales, podemos ver a los individuos. Dejamos de verlos como parte de una categoría, y comenzamos a verlos como seres humanos complejos cuyas experiencias y entornos han moldeado hasta llegar a ser lo que son hoy. En lugar de etiquetarlos como parte de ese grupo que no me simpatiza demasiado, me enfoco en *ese* hombre, *esa* mujer, *ese* niño que ha sido creado a imagen de Dios y es de un valor inestimable¿

A quién te cuesta amar? Para algunos de nosotros, es una persona del pasado que nos lastimó. Jesús nos ordenó amar a nuestros enemigos. Puede ser gente que desea hacernos daño, o gente que simplemente nos critica porque no les caemos bien o gente que nos considera tan irrelevantes que no nos dan ni la hora. Jesús nos dijo que los amemos a todos. Si sólo amamos a quienes nos aman, es una señal de que no hemos sido transformados de adentro hacia afuera. En el famoso sermón del monte, Jesús dijo a la multitud:

> Estás familiarizado con la antigua ley escrita que dice "Ama a tu amigo", y su compañero oculto "Odia a tu enemigo". Yo vengo a desafiar ese pensamiento. Yo

vengo a decirte que ames a tus enemigos. Que ellos saquen lo mejor de ti, no lo peor. Cuando alguien te está dando mucho trabajo, responde con la energía de la oración, porque, de esa manera, estás trabajando a partir de tu verdadera identidad, el ser creado por Dios. Esto es lo que hace Dios. Él da lo mejor de sí a todos, sin importar lo bueno o lo malo, lo amable o lo horrible. Si sólo estás amando a los amables, ¿esperas una bonificación? Cualquiera puede hacer eso. ¿Esperas una medalla sólo por saludar a quienes te saludan? Cualquier pecador común y corriente puede hacer eso.

Dicho de otra manera, lo que digo es madura. Eres un sujeto del Reino. Ahora vive como tal. Vive según tu identidad de criatura de Dios. Vive generosamente y graciosamente hacia otros, así como Dios se entrega a ti (Mateo 5:46-48).

Como siempre, Jesús poniendo las cosas del revés.

Secretos, racionalización y misericordia
Los fariseos creían ser "mejores que". Mejores que los recaudadores de impuestos que colaboraban con los invasores Romanos para extraer el dinero de sus hermanos judíos, mejores que las prostitutas que merodeaban por las calles, mejores que la gente común que no había tenido la oportunidad de estudiar la Biblia o las reglas adicionales de los Fariseos, mejores que los Saduceos cuyo partido político era cercano a los Romanos, y definitivamente mejores que los impíos soldados y oficiales romanos. Eran

extremadamente religiosos. Tenían leyes acerca de las leyes para asegurarse de no quebrantarlas, y eran extremadamente orgullosos de su rectitud. Jesús los llamó hipócritas porque afirmaban seguir a Dios, pero sus corazones estaban lejos de Él. Nosotros podemos llegar a caer en ese mismo patrón. Sonreímos y nos mostramos amables los domingos por la mañana, aunque hayamos peleado como gatos enjaulados de camino a la iglesia. Sabemos qué cosas decir, y sabemos cómo aparentar que tenemos todo resuelto. Somos capaces de vivir detrás de máscaras que engañan a la gente y a veces a nosotros mismos. Es veneno espiritual.

Yo le dije a nuestra iglesia:

> Todos nosotros hemos quebrantado la ley en algún momento de nuestras vidas. De hecho, muchos de nosotros somos culpables de haber excedido los límites de velocidad de camino a la iglesia esta misma mañana. (Risas nerviosas). No creemos que sea una gran cosa. Hemos aprendido a tolerar cierto grado de pecado en nuestras vidas, pero siempre llega más profundo de lo que quisiéramos que la gente sepa. Si tú conocieras el lado oscuro de mi vida antes de conocer a Jesús, tendrías una opinión distinta de mí. Puede que no quisieras regresar a esta iglesia. Hoy hay 2.3 millones de estadounidenses tras las rejas en prisiones federales y precintos de condados. La diferencia entre ellos y yo es que a ellos los atraparon y a mí no. Podría leer una lista de las ofensas por las cuales ellos están tras las barras, y podría tildar varias casillas indicando las que he sido culpable alguna vez. Estoy seguro de que tú también has hecho cosas de las cuales no te

sientes orgulloso. Has lastimado a gente a la que se suponía que debías amar, has sido egoísta, has usado a la gente, y has hecho cosas que esperas que nunca salgan a la luz.

Hice una pausa para que pudieran procesarlo y continué:

Cuando veo a la gente en prisión, los veo de la misma manera que te veo a ti: como hombres y mujeres creados a la imagen de Dios, llenos de valor y gente por la cual Jesús murió para salvarla. Hicieron algo mal y están pagando el precio. Todos hemos hecho muchas cosas malas a los ojos de Dios, pero Él pagó el precio por nosotros. Dios no tiene un sistema de castas: algunos valiosos, otros no tanto. Todas y cada una de las personas son preciosas para Él.

Les pedí que buscaran el pasaje del final del libro de Mateo. En el fin de los tiempos, Jesús aparecerá en un resplandor de gloria y llamará a la gente a rendir cuentas de sus vidas. En este pasaje, Él nos da una visión del futuro en una parábola acerca de un Rey y sus súbditos. Él los separa en dos grupos, a su derecha las ovejas, a su izquierda, las cabras.

"Entonces el Rey dirá a los que estén a su derecha: "Vengan, ustedes, que son benditos de mi Padre, hereden el reino preparado para ustedes desde la creación del mundo". Y aquí va el por qué:

Pues tuve hambre, y me alimentaron.
Tuve sed, y me dieron de beber.
Fui extranjero, y me invitaron a su hogar.
Estuve desnudo, y me dieron ropa.
Estuve enfermo, y me cuidaron.
Estuve en prisión, y me visitaron".

La gente en ese grupo se mostró sorprendida y respondieron: "Señor, ¿en qué momento te vimos con hambre y te alimentamos, o con sed y te dimos algo de beber, o te vimos como extranjero y te brindamos hospitalidad, o te vimos desnudo y te dimos ropa, o te vimos enfermo o en prisión, y te visitamos?".

Y el Rey dirá: "Les digo la verdad, cuando hicieron alguna de estas cosas al más insignificante de estos, mis hermanos, ¡me lo hicieron a mí!".

El punto de Jesús es increíblemente profundo: Cuando cuidamos de la gente que es despreciada, pasada por alto y olvidada, en realidad estamos cuidando de Él. Piénsalo por un momento. Cuando nos acercamos a una persona de otra raza, de otra extracción socioeconómica, o de otro país, nos estamos acercando a Jesús. Y cuando verdaderamente les amamos al pasar nuestro tiempo con ellos, compartir nuestra experiencia con ellos y ayudarles con dinero para suplir sus necesidades, Jesús dice que Él es, en última instancia, quien está recibiendo nuestro afecto. Impresionante.

Pero la parábola aún no terminó. El Rey se vuelve al otro grupo, los que están a su izquierda, a quienes llama cabras y les dice:

"¡Fuera de aquí, ustedes, los malditos, al fuego eterno preparado para el diablo y sus demonios! Pues

Tuve hambre, y no me alimentaron.
Tuve sed, y no me dieron de beber.
Fui extranjero, y no me invitaron a su hogar.
Estuve desnudo, y no me dieron ropa.
Estuve enfermo y en prisión, y no me visitaron".

Este grupo se muestra tan sorprendido como el anterior, pero no de una buena manera.

Entonces ellos responderán: "Señor, ¿en qué momento te vimos con hambre o con sed o como extranjero o desnudo o enfermo o en prisión y no te ayudamos?".

Y él responderá: "Les digo la verdad, cuando se negaron a ayudar al más insignificante de estos, mis hermanos, se negaron a ayudarme a mí".

El final de la historia es aterrador:

Esas "cabras" irán al castigo eterno, pero las "ovejas" entrarán en la vida eterna (Mateo 25:31-46 NTV).

No te pierdas el punto: La designación de unos como ovejas y otros como cabras no fue porque unas fueran intachables y las otras malvadas. La evaluación del Rey estaba basada en cómo habían tratado a los desvalidos. El Rey se identificaba tan fuertemente con los marginados que se consideraba uno de ellos, y cómo ellos eran tratados era como Él se sentía tratado.

La pregunta es cómo estamos tratando tú y yo a los hambrientos, a los sedientos, a los que no tienen vivienda, a los que están desnudos, a los enfermos y a los prisioneros. Así es como Jesús se siente tratado por ti y por mí.

Tenemos la tendencia a tener distintas categorías de valor, en lugar de considerar a todos igualmente valiosos, y tenemos listas de los que merecen nuestro amor y los que no. Cuando Jesús dijo: "No juzguen a los demás, y no serán juzgados" (Mateo 7:1), no quiso decir "No evalúen nada". Quiso decir "Cuando evalúes a la gente, no seas severo ni condenador". Él evaluaba todo el tiempo, y Él quiere que nos evaluemos a nosotros mismos y a los demás, pero nuestras valoraciones no deberían tener dos categorías cerradas: "amables" e "imposibles de amar". Nuestras valoraciones deberían brindar una estrategia respecto de *cómo* amar a cada persona. Claramente, nos damos cuenta cuando alguna gente está arruinando sus propias vidas y lastimando a otros. Amarlos no significa que nos neguemos a ver la verdad, sino que les señalamos lo errado de su comportamiento y los invitamos a hacerse responsables —por su bien más que por el nuestro—. Somos exigentes con la gente, pero con la intención de ayudarlos a tomar mejores decisiones. Eso es *amor duro,* pero siempre tiene que ser amor.

Si creemos que somos "mejores que", la fuente de amor estará seca, y nos pasaremos nuestras vidas condenando y evitando a quienes no están a la altura de nuestras expectativas. Para algunos de nosotros es fácil reconocer que tenemos muchas fallas y necesitamos desesperadamente la maravillosa gracia de Dios, pero para algunos es mucho más difícil. No quieren ver lo profundo de su egoísmo, sus celos, su avaricia y su amargura. Desean que los demás los vean como buenos y respetables, no como rotos y vulnerables. En *Just Mercy* (Sólo Gracia), su libro sobre las inequidades en el sistema penitenciario, Bryan Stevenson comenta:

> Todos estamos quebrados por algo. Todos hemos lastimado a alguien y hemos sido lastimados por alguien. Todos hemos sido quebrantados, aún si nuestros quebrantos no son todos iguales … Nuestra vulnerabilidad e imperfección nutre nuestra capacidad para la compasión. Tenemos una opción. Podemos abrazar nuestra humanidad, lo cual implica abrazar nuestra naturaleza quebrantada y la compasión que es nuestra mayor esperanza de ser sanados. O podemos negar nuestro quebrantamiento, renunciar a la compasión y, en consecuencia, negar nuestra propia humanidad[32].

Es una verdad espiritual: nuestra capacidad de amar deriva de nuestro entendimiento de que nosotros mismos no tenemos la capacidad de amar a otros. La misericordia que mostramos es proporcional a la misericordia que recibimos; nuestra voluntad de involucrarnos en el proceso de sanidad de las heridas de otros, deriva de la sanidad que nosotros experimentamos en el amor restaurador de Dios.

---

32 Bryan Stevenson, *Just Mercy* (New York: Random House, 2014), p. 271.

Para pensar

¿Qué diferencias hay en cómo la gente blanca ve la injusticia y cómo lo hace la gente de color?

¿Hasta qué punto es nuestra naturaleza humana responsable de nuestro egoísmo y nuestra visión de las razas, y hasta qué punto tiene que ver con nuestra propia experiencia? Explica tu respuesta.

¿Cuáles son señales claras y evidentes de que una persona considera que todas las personas tienen valor inherente? ¿Qué signos indican lo contrario?

Explica por qué es importante ver a las personas como individuos y no sólo como parte de un grupo.

¿Cómo responderás a la parábola de Jesús acerca de las ovejas y las cabras? ¿Algún cambio en mente?

Capítulo 6

Piedras fundacionales

No es lo mismo decir que quieres hablar acerca de
la justicia racial que decir que quieres hacer algo al
respecto de la justicia racial. —Senador Marco Rubio

Me entusiasma el hecho de que tenemos progresistas y conservadores en nuestra iglesia. Para ser honesto, a veces sería más fácil si nuestra iglesia se inclinara fuertemente hacia alguno de los dos lados. Eso nos evitaría algunos conflictos, pero también nos impediría tener conversaciones enriquecedoras acerca de muchos temas relevantes.

Al leer artículos, ver las noticias e interactuar con gente a lo ancho del espectro político, he podido ver, de primera mano, la polarización extrema. Muchos de nosotros vivimos en cámaras de eco, nutriéndonos de periodistas y medios de comunicación que refuerzan lo que nosotros ya creemos, y somos escépticos acerca de la integridad (y salud mental) de quienes no están de acuerdo con nosotros. Los sociólogos lo llaman "sesgo de confirmación". Un experto lo describió así:

Cuando la gente desea que una determinada idea o concepto sea cierta, termina creyendo que lo es. Sus pensamientos están motivados por sus deseos. Esto lleva a que el individuo deje de incorporar información cuando la evidencia de la que dispone le confirma sus puntos de vista o los prejuicios que quiere que sean verdad.

Cuando hemos formado nuestro punto de vista, abrazamos la información que confirma esa posición e ignoramos o rechazamos la información que la pone en duda. El sesgo de confirmación sugiere que no percibimos las circunstancias objetivamente. Elegimos las porciones de información que nos hacen sentir bien porque confirman nuestros prejuicios. De esa manera, nos volvemos prisioneros de nuestros supuestos.[33]

La gente que cree que el mundo es peligroso es particularmente susceptible al sesgo de confirmación. La ansiedad estimula una respuesta temerosa que eleva el nivel de atención (llamado hipervigilancia) y les hace estar particularmente reactivos ante amenazas percibidas. Esta reacción es invaluable cuando un automóvil realiza una maniobra repentina delante tuyo o cuando tu niño está a punto de caerse del tobogán, siempre y cuando disminuya cuando la amenaza pasó. Sin embargo, la amenaza no cede cuando estamos obsesionados con que la Izquierda nos está robando el país y con que a la gente de Derecha sólo le importa la gente como ellos e incrementar su poder y riqueza. Cuando nos exponemos a los mensajes incesantes de alguno de estos grupos, el miedo se multiplica y confirma todas nuestras presunciones negativas acerca de "esa gente," y nos hace buscar protección y comodidad en aquellos que refuerzan nuestros temores. El sesgo de confirmación tiene un efecto de bola de nieve, dado que el temor nos hace cada vez más reacios a escuchar otros puntos de vista. Eso, por supuesto, nos hace ver rígidos y demandantes ante quienes no están de acuerdo con nosotros. Esto alimenta sus temores, lo cual los hace más desconfiados, y el ciclo se intensifica.

---

33 "What Is Confirmation Bias?" Shahram Heshmat, Ph.D., *Psychology Today*, Abril 23, 2015, *https://www.psychologytoday.com/us/blog/science-choice/201504/what-is-confirmation-bias*

Hoy, hay muchos creyentes que no pueden imaginarse que alguien del otro bando pueda ser realmente un creyente. Para algunos Republicanos, es inconcebible que alguien cuyo corazón haya sido transformado sea Demócrata. Y para algunos Demócratas, es igualmente inconcebible que alguien que ha nacido de nuevo pueda estar del lado de los Republicanos. He escuchado argumentos de este tipo más veces de las que puedo contar. ¿Habrá alguna manera de pensar acerca de los problemas de nuestra cultura que sea mejor que aferrarse de un lado o del otro?

Ambos

Durante cientos de años, los pilares de la civilización han descansado sobre dos piedras fundacionales: la rectitud y la justicia. Las vemos a lo largo de la Biblia. Por ejemplo, el salmista dice "La rectitud y la justicia son el cimiento de tu trono" refiriéndose a Dios (Salmo 89:14 NTV). Cuando Isaías era un profeta en Israel, la nación se encontraba bajo amenaza del ejército Asirio. Los reyes judíos buscaban protección en otras naciones, pero Isaías les recordaba que el único en quien podían confiar era Dios. Necesitaban recordar eso. Necesitaban el reaseguro. Dios les habló por medio del profeta:

> ¡Miren! Pongo una piedra de cimiento en Jerusalén, una piedra sólida y probada.
> Es una preciosa piedra principal sobre la cual se puede construir con seguridad.
> El que crea jamás será sacudido.
> Los probaré con la cuerda de medir de la justicia y con la plomada de la rectitud (Isaías 28:16-17 NTV).

Rectitud significa vivir correctamente, conformándose al código de conducta moral. En la Biblia encontramos direcciones claras acerca de cómo debemos vivir. La lista más conocida es la de los diez mandamientos, pero hay muchos más. Vemos listas de virtudes en la carta de Pablo a los Gálatas: "Mas el fruto del Espíritu es amor, gozo, paz, paciencia, benignidad, bondad, fe, mansedumbre, templanza; contra tales cosas no hay ley" (Gálatas 5:22-23 RVR1960), y también en la carta a los Colosenses:

> Vestíos, pues, como escogidos de Dios, santos y amados, de entrañable misericordia, de benignidad, de humildad, de mansedumbre, de paciencia; soportándoos unos a otros, y perdonándoos unos a otros si alguno tuviere queja contra otro. De la manera que Cristo os perdonó, así también hacedlo vosotros. Y sobre todas estas cosas vestíos de amor, que es el vínculo perfecto (Colosenses 3:12-14 RVR1960).

Y por supuesto, casi todos están familiarizados con la lista en la primera carta de los Corintios:

> El amor es sufrido, es benigno; el amor no tiene envidia, el amor no es jactancioso, no se envanece; no hace nada indebido, no busca lo suyo, no se irrita, no guarda rencor; no se goza de la injusticia, mas se goza de la verdad. Todo lo sufre, todo lo cree, todo lo espera, todo lo soporta (1 Corintios 13:4-7 RVR 1960).

Pero también encontramos listas de vicios en las cartas de Pablo, pero sin faltar la esperanza y el consuelo. En su carta correctiva a los Corintios, escribe:

> ¿No sabéis que los injustos no heredarán el reino de Dios? No erréis; ni los fornicarios, ni los idólatras, ni los adúlteros, ni los afeminados, ni los que se echan con varones, ni los ladrones, ni los avaros, ni los borrachos, ni los maldicientes, ni los estafadores, heredarán el reino de Dios. Y esto erais algunos; mas ya habéis sido lavados, ya habéis sido santificados, ya habéis sido justificados en el nombre del Señor Jesús, y por el Espíritu de nuestro Dios. (1 Corintios 6:9-11 RVR1960).

La rectitud o la falta de ella, se evidencian en nuestra integridad, generosidad y amabilidad, y en si vivimos conforme al orden de prioridad correcto donde Dios va primero, luego la gente, y luego todo lo demás.

Justicia es hacer lo correcto, más específicamente corregir las injusticias de la sociedad al defender al pobre y marginado y proveer para quienes están en necesidad. A menudo pensamos que la justicia implica sólo el castigo al culpable. En parte lo es, pero la Biblia también nos muestra que la gente está emocionada de que el rey venga a traer justicia. Escucha el gozo de la gente que anticipaba la llegada de la justicia de Dios:

Alégrense los cielos, y gócese la tierra;

Brame el mar y su plenitud.

Regocíjese el campo, y todo lo que en él está;

Entonces todos los árboles del bosque rebosarán de contento,

Delante de Jehová que vino;
   Porque vino a juzgar la tierra.
Juzgará al mundo con justicia,
   Y a los pueblos con su verdad (Salmo 96:11-13).

Para Dios, un aspecto importante de la justicia es nutrir y proteger a los pobres, y corregir todo tipo de injusticias. ¡Por eso la gente estaba tan emocionada de ver llegar al rey!

Nuestros dos partidos políticos han separado la rectitud y la justicia, y cada uno ha tomado uno como su insignia de honor. Los republicanos tienden a valorar la rectitud. Están en contra del matrimonio homosexual, aborto, reformas contra el cambio climático y las políticas inmigratorias que no estén basadas en la obediencia estricta a la ley (entre otras cosas), y están a favor de la libertad religiosa y el derecho a portar armas (entre muchos otros). Los demócratas se inclinan por la justicia social. Están a favor de la reforma inmigratoria, pero ellos permitirían más inmigración legal, legalizarían a los niños llegados en la infancia (DACA), y recibirían a más refugiados políticos. No les molesta el matrimonio homosexual, pero ven el cambio climático como una catástrofe inminente, y abogan a favor del control de armas. Su principal motor es proveer a los pobres del país más rico del mundo, en general a expensas de los ricos. La brecha entre ricos y pobres no parece importar mucho a los republicanos, porque creen que todos tienen las mismas oportunidades. Sin embargo, los demócratas ven la desigualdad como una señal de que el país ha perdido su brújula moral.

En resumen, los republicanos insisten en que la gente viva rectamente y los demócratas insisten en que las estructuras de poder hagan lo correcto para defender los intereses de los pobres, y los dos partidos se enfrentan dialécticamente. A menudo, las dos piedras fundacionales de la civilización dejan de ser vistas como pilares gemelos para una sociedad fuerte, y son tomados como un problema que debe ser derrotado por el otro lado.

La división entre la rectitud y la justicia es claramente visible en las iglesias. Algunas están totalmente volcadas a la rectitud —no a la rectitud que viene de Dios, si no la nuestra—. Se quejan de los adictos, las familias desmembradas, los inmigrantes indocumentados, los homosexuales y otra gente de la cual dicen: "están tratando de quitarnos nuestro país". Pero otras tienen en su corazón la justicia social y los pobres, y menosprecian a los cristianos que parecen no interesarse en los desvalidos. Su clamor es contra la injusticia en sus muchas formas.

Uno de los pasos fundamentales en la reconciliación racial es el compromiso de entender al otro lado. Una de mis citas favoritas corresponde al libro *Siete hábitos de la gente altamente efectiva* de Stephen Covey. Es la clave para las interacciones humanas, y si la logras dominar, todo en tu vida cambiará. Es tremendamente sencillo, pero, a su vez, asombrosamente profundo: "*Busca primero comprender.... Luego ser comprendido*"[34]. Cuando hablo con gente que no está de acuerdo conmigo, mi objetivo es conectarme durante suficiente tiempo y con la suficiente profundidad como para poder entender los puntos de vista de la persona casi tan bien como la persona misma. Si puedo explicar su punto de vista tan bien como la otra persona, demuestro que la valoro como persona y que estoy abierto a sus opiniones. Puede que yo no cambie mi opinión, pero por lo menos nos entendemos mutuamente. A menudo, cuando veo el asunto con mayor claridad, encuentro matices y opciones que antes no encontraba. El problema es que

34 Stephen R. Covey, *Los 7 hábitos de la gente altamente efectiva*. (Barcelona: PAIDOS IBERICA, 2005)

hoy todos buscan ser comprendidos y hacen poco esfuerzo para comprender a otros.

Burbujas

Se podría decir que la gran mayoría de las personas en los Estados Unidos vive en la burbuja de la rectitud o en la de la justicia, ya sean creyentes o no creyentes. Ni siquiera queremos escuchar las opiniones contrarias porque, para entender al otro lado, podríamos tener que cambiar nuestra perspectiva, nuestro corazón, nuestra conducta ... y tal vez hasta nuestra forma de votar.

Debemos ser honestos y entender hasta qué punto estamos volcados hacia un lado. Si nos inclinamos hacia la rectitud, necesitamos preguntarnos lo siguiente: "¿Qué injusticias considero que realmente deben ser resueltas?". Y si nos vemos más orientados hacia el lado de la justicia, necesitamos preguntarnos: "¿Cómo puedo animar a la gente a ser ciudadanos responsables?".

Sin embargo, la solución no es la moderación. Un entendimiento de la rectitud y la justicia de Dios mitiga a quienes están en los extremos, pero no los vuelve blandos ni insípidos. Necesitamos convicciones fuertes, pero que esas convicciones nazcan del corazón de Dios y de las páginas de la Biblia; convicciones que no estén encerradas en ninguna burbuja. Es deseable que la gente del lado de la rectitud pueda desarrollar mayor compasión hacia quienes están en necesidad, y que la gente del lado de la justicia entienda que el amor no es una licencia para que la gente haga lo que quiera, y que el gobierno no está para resolver todos sus problemas. Lograr este equilibrio es más difícil que estar en cualquiera de los extremos, pero es necesario si deseamos, desde el amor y con sabiduría, tener un impacto poderoso en nuestros amigos, nuestros vecinos y nuestro país.

Consideremos la cuestión de la inmigración. De un lado tenemos a quienes consideran que los inmigrantes están arruinando nuestro país. Se quejan de que los inmigrantes indocumentados están poniendo mucha presión sobre nuestras agencias y la salud social, y no pagan impuestos. Estas críticas pasan por alto el hecho de que la gran mayoría de los inmigrantes llegó de manera legal y son trabajadores esforzados que vinieron a este país en su desesperación de ganar suficiente dinero para sostener a sus familias. Su trabajo tiene un valor muy tangible: un desarrollador inmobiliario dijo que, sin ellos, el costo promedio de la vivienda en los Estados Unidos subiría unos $20.000 dólares. Y la realidad indica que sí pagan impuestos, de hecho, más de $11.000 millones anuales. Pagan impuestos a las ventas, y con los alquileres que pagan, sus locadores pagan impuestos del condado y de la ciudad. Creo firmemente que podemos encontrar un proceso equitativo, justo y razonable para resolver este problema, pero es mucho más conveniente, desde el punto de vista político, para quienes están en los extremos utilizar este problema como un contrapunto para atacar o defender.

Las declaraciones de las personalidades pueden incrementar la animosidad y generar desinformación. Considera estas declaraciones:

- Cuando un mexicano ganó la maratón de Nueva York, un conductor radial conservador comentó: "Un agente de inmigración lo persiguió durante las últimas 10 millas". Su audiencia se divirtió con la ocurrencia, a costas de la decencia.
- Un diputado de los Estados Unidos advirtió: "He hablado con un agente retirado del FBI que dijo que una de las cuestiones a las cuales estaban prestando atención era a las

células terroristas que habían descubierto cómo burlar nuestros sistemas. Aparentemente estarían trayendo mujeres jóvenes embarazadas a los Estados Unidos para que sus bebés nazcan aquí ... para luego regresar a sus países donde los pueden entrenar como futuros terroristas". No hay evidencia de que esto haya ocurrido, pero sembró la sospecha en la mente de los electores.

- Un comentador conservador dijo: "México ha sido sobrepasado por quebrantadores de la ley en todos sus estratos. Y ahora protestan para poder enviar a los quebrantadores de la ley a los Estados Unidos". Las estadísticas demuestran que las tasas de criminalidad para los inmigrantes, incluidos los ilegales, son más bajas que para la población en general.

- Un funcionario público prominente dijo, sin reparos, acerca de los inmigrantes ilegales: "No son gente. Son animales".

- Un Diputado de los Estados Unidos aconsejó: "De lo que estoy hablando es del orden de deportación, la secuencia de las deportaciones. Es virtualmente imposible expulsar a 11 millones de inmigrantes ilegales en una noche. Debes hacerlo por etapas".

Estas declaraciones son el polo opuesto a las políticas que hicieron de nuestro país un faro de esperanza para el mundo. Es cierto que nuestra historia tiene sus manchas, pero a lo largo de la misma hemos recibido a millones de personas que han venido en busca de una mejor vida. Aquí comparto sólo algunos hechos históricos:

- El hermoso poema de Emma Lazarus está grabado en la Estatua de la Libertad: "Dame tus masas cansadas, empobrecidas, amontonadas, que ansían respirar libertad, a los despreciados de tus repletas costas. Envíame a los desposeídos, a los que han sufrido las tempestades. ¡Elevo mi lámpara al lado de la puerta dorada!".

- Benjamin Franklin, uno de los fundadores de nuestra nación dijo: "los americanos saludaban a los recién llegados a sus costas como baluartes de la democracia, sin embargo, en tiempos de crisis, ha usado a los nacidos fuera del país como chivos expiatorios de los problemas sociales sin resolver".

- El ex secretario de educación William Bennett reflexionó: "Todos somos hijos e hijas de inmigrantes —algunos más recientes que otros—, pero todos estamos dedicados al triunfo de una idea que sirve como referencia de lo que significa ser americano. Esta América es la única América que hemos conocido. Si ser conservador tiene algo que ver con conservar los principios de nuestro pasado, entonces ningún conservador debiera atacar la inmigración legal".

- El Senador Republicano Spencer Abraham comentó: "Nuestra política de inmigración responde a su propósito histórico al equilibrar las necesidades de las familias y sus empleadores, y al ofrecer un refugio seguro a quienes huyen de la persecución. La libertad y las oportunidades son la piedra fundamental de la sociedad americana, y los inmigrantes siguen encarnando esa libertad".

Quisiera tener una pegatina para mi automóvil que diga: "¿Tienes un problema con la inmigración? Pregúntale a los Nativos Americanos".

Gente real, historias reales

He descubierto un factor crucial para moderar la postura de las personas hacia la inmigración: que conozcan a algunos inmigrantes. Yo soy un hombre blanco, que vive en una zona conservadora de la ciudad, en un estado muy conservador, en la región más conservadora de la región, pero a medida que he conocido personas que vienen de otras tierras, los estereotipos se han ido derritiendo. Escucho acerca de los lugares de donde vienen, por qué han venido y cuáles son sus sueños y metas. Las relaciones personales hacen que deje de verlos como estadísticas y amenazas, para verlos como gente real y amigos.

También me hace darme cuenta de que he vivido una vida muy protegida. No lo hubiera pensado hasta conocer a esta gente tan valiente. Solía pensar que mi vida había sido cualquier cosa menos "protegida". He sufrido algunos golpes, varios de los cuales fueron auto infligidos, pero nada comparado a lo que esta gente ha sufrido. Si sólo escuchamos a los comentaristas del arco conservador, creeremos que quienes tratan de llegar a nuestro país son criminales, violadores y narcotraficantes. Algunos pocos tal vez lo sean, pero la enorme mayoría son hombres, mujeres y niños nobles que simplemente anhelan una mejor vida. He escuchado sus relatos de las condiciones opresivas en sus lugares de origen —la pobreza y la violencia de las pandillas que amenazaban a sus familias—. Los gobiernos en sus países muchas veces son fallidos; proveen escasa seguridad y muy pocas oportunidades económicas. Están buscando un lugar seguro donde puedan ganarse su propio dinero y sostener a sus familias. Con solo presentarse en nuestras fronteras y aeropuertos, han demostrado una enorme valentía por haber delineado un camino hacia una mejor vida para sus familias. Ellos quieren engrandecer a los Estados Unidos.

Muchos estadounidenses temen que los inmigrantes vayan a recrear sus culturas de origen dentro de nuestro país, negándose a asimilarse, no aprendiendo el idioma y no abrazando nuestra cultura. ¿Es cierto que muchos son indocumentados? Sí. ¿Está mal eso? Sí. Pero debemos ponernos en sus zapatos. Si tú o yo creyéramos que alguien de nuestra familia puede llegar a morir de hambre, de enfermedad o a causa de la violencia, ¿no moveríamos cielo y tierra para proveerles un lugar seguro para vivir? Sí, lo haríamos. Por lo menos, yo lo haría. Y si nos sintiéramos intimidados por la posibilidad de ser deportados, ¿no trataríamos de ser discretos y vivir entre nuestra propia gente evitando los intentos de asimilarnos? Por supuesto. Pero si yo me fuera a un país más seguro, aprendería el lenguaje lo más rápido posible y adoptaría la nueva cultura como propia. Me tomaría un tiempo acostumbrarme, pero me esforzaría por respetar la historia, la cocina y los hábitos de mi nuevo hogar. Si fuera de Corea, no me mudaría a "Coreatown" para interactuar sólo con Coreanos. Mudarse a otro país es muy difícil e implica muchos cambios. Podemos querer conservar los valores de lo anterior y respetar lo nuevo, pero yo me comprometería a apuntar fuertemente hacia lo nuevo.

Y seamos claros, las imágenes de multitudes en la frontera, clamando para pasar son fruto de las propias falencias de nuestra política inmigratoria. El 68% de los ilegales en nuestro país ingresaron legalmente y se quedaron más allá del plazo estipulado por sus visas. El restante 32% ingresó ilegalmente. Para sorpresa de muchos, Donald Kerwin, director ejecutivo del Centro de Estudios de la Migración comentó los resultados de un estudio:

Resulta claro, a partir del estudio realizado, que la población indocumentada crece más a partir de quienes permanecen en el país una vez finalizado el período de su visa, que a través de quienes cruzan ilegalmente la frontera. Es una tendencia confirmada que se ha vuelto la norma. Estos datos indican que la construcción de miles de millas de muro fronterizo estaría lejos de resolver el problema de la inmigración irregular hacia nuestro país.

El estudio concluye:

> Dado que más de la mitad de los indocumentados en los Estados Unidos han llegado por vía aérea, los lugares donde se otorgan las visas constituyen el verdadero frente disuasorio de la inmigración indocumentada. (...) En otras épocas, esto sería considerado un éxito.[35]

Muchos de los 11 millones de inmigrantes indocumentados que se estiman, han desarrollado raíces profundas en los Estados Unidos. Un estudio de Pew Research Center encontró que el 66% ha vivido en los Estados Unidos por más de 10 años. Sorprendentemente, sólo cinco estados han visto crecer la población inmigrante ilegal en la última década. Muchos otros han visto una reducción importante, incluida California con 775.000 menos que hace diez años.[36]

La ley y la compasión

Gritarse mutuamente desde la derecha o la izquierda es contraproducente. Necesitamos un enfoque razonable con un proceso tendiente a solucionar el problema de la inmigración ilegal. Los

---

35 "For 7th Consecutive Year, Visa Overstays Exceeded Illegal Border Crossings," Richard Gonzales, NPR, Enero 16, 2019, *https://www.npr. org/2019/01/16/686056668/for-seventh-consecutive-year-visa-overstays- exceeded-illegal-border-crossings*

36 "5 facts about illegal immigration in the U.S." Jens Manuel Korgstad, Jeffrey S. Passel, and D'Vera Cohn, Pew Research Center, Junio 12, 2019, *https://www. pewresearch.org/fact-tank/2019/06/12/5-facts-about-illegal-immigration-in-the- u-s/*

del lado de la rectitud dicen: "Han roto la ley. Envíalos de regreso y que comiencen de nuevo. Que se pongan en la fila, como los demás, y que vayan al final de la fila". Desde el lado de la justicia argumentan: "No, eso no sólo es muy duro, sino que además es irrealizable. ¿Realmente vamos a cargar autobuses en cada ciudad de los Estados Unidos para enviarlos a sus países de origen? ¿Qué impacto tendrá eso en sus familias? ¿Qué daño generaría eso en la industria de la construcción, la gastronomía y otros negocios?

Hace algunos años, la "Banda de Ocho" senadores de ambos partidos se unieron para encontrar una solución y propusieron un proceso factible. Sin embargo, el proyecto fue derribado por los conservadores que creían que era demasiado indulgente. Desde entonces, prácticamente no ha habido esfuerzos bipartidarios en materia de política migratoria. Creo que necesitamos una combinación poderosa de ley y compasión. Nadie estará totalmente satisfecho, pero necesitamos algo que podamos tolerar. Algunas sugerencias pueden ser:

- Una reconsideración de las políticas de inmigración legal.
- Una oferta de ciudadanía a los hijos y padres que han formado parte del DACA (Acción Diferida para los Llegados en la Infancia).
- Terminar con la separación familiar como elemento disuasorio.
- Un camino a la legalización para los siete millones que han permanecido en el país pasado el plazo estipulado en sus visas, tal vez incluyendo alguna multa y un proceso para obtener una "green card" (permiso de residencia permanente).

- Un camino a la legalización para los otros cuatro millones que han ingresado ilegalmente, que implique una montaña más alta que escalar, pero que no resulte imposible.
- Un programa de trabajador-visitante que permita que la gente venga a trabajar y regrese a sus hogares sin temor a ser arrestados, deportados o criminalizados.
- Una política sostenida en el tiempo que respete la ley y cuide de la gente.

No espero llamadas de Washington pidiendo mi consejo, pero si recibiera una llamada de ese tipo, eso es lo que diría. Por supuesto que son muchos más los factores involucrados en la solución de problemas tan complicados, pero por algo tenemos que comenzar.

Jerry Quiroz es un amigo mío que vino a los Estados Unidos ilegalmente. Contrató un "coyote" que lo ayudara a entrar al país. Cuando vivía en México era jugador profesional de fútbol.

Después de unos años en los Estados Unidos, conoció a su esposa Iliana, quien lo apoyó en su sueño de jugar profesionalmente al fútbol en los Estados Unidos. Jerry se probó y, finalmente, obtuvo un puesto en un equipo. Era un atleta apuesto, activo y mujeriego. Más adelante, fue vendido a un equipo de Atlanta, y él y su esposa comenzaron a asistir a nuestra iglesia. En Victory, volvió a comprometerse con Jesús porque había estado viviendo una doble vida. Escuchó uno de nuestros mensajes acerca del valor del amor en las familias. En ese tiempo, tuvo un encuentro con Jesús y tuvo un cambio de corazón con respecto a su esposa. Renovaron sus votos y su relación volvió a florecer.

Mientras servían como misioneros locales a los niños de su comunidad, recibieron una revelación fresca del amor de Dios para cuidar de los huérfanos en una generación a la cual le faltan padres. Hoy tienen dos hijos preciosos, uno de los cuales tiene necesidades especiales, por lo cual Iliana ha tenido que renunciar a su trabajo para quedarse en casa. Contratamos a Jerry para que se desempeñara como director de nuestro ministerio preescolar y ha estado sirviendo allí por más de quince años. ¿Quién iba a pensar que un atleta profesional mujeriego sería transformado por Jesús para tener un corazón volcado hacia los más jóvenes en nuestra comunidad de fe?

Si queremos vivir con fortaleza y sabiduría, debemos sostener en una mano la justicia y en la otra la rectitud. Vivir correctamente sin interesarse por los desvalidos nos hace rectos sólo en nuestra propia opinión, y cuidar de los demás sin un compromiso con la integridad nos hace sentimentales pero vacíos.

Espero que todos puedan ver la importancia de estos dos aspectos de la cultura, pero para ser franco, los cristianos cuentan con una ventaja porque la rectitud y la justicia siempre han estado ligadas a lo largo de la historia de nuestra fe.

Reconoce hacia donde te inclinas, y comienza a inclinarte, aunque sea un poco, hacia el otro lado.

Para pensar

¿Cómo definirías y describirías la rectitud? ¿Y la justicia?

¿Cuáles son las consecuencias de separarlas y enfocarse en una o la otra?

¿Cómo notas el sesgo de confirmación en la gente que conoces? ¿Crees que tú mismo eres afectado por el sesgo de confirmación? Explica tu respuesta.

¿A quién respetas y estás dispuesto a escuchar que se encuentre "del otro lado de la discusión"? ¿Cuál sería la diferencia si realmente comenzaras a escuchar los puntos de vista opuestos?

En este capítulo, he utilizado la inmigración como un ejemplo de cómo podemos sostener la rectitud en una mano y la justicia en la otra. ¿Cómo has respondido a la dura retórica de los políticos, pastores, tus amigos y familiares con respecto a los inmigrantes? ¿Cómo deseas responder en el futuro?

¿Qué pasos debes tomar para combinar la rectitud y la justicia en tu perspectiva, tus palabras y tus acciones? ¿Qué reacción negativa crees que enfrentarás? ¿Cómo piensas responder?

Capítulo 7

Loco amor

*El racismo es la peor amenaza de un hombre hacia otro —el
máximo nivel de odio por la mínima razón—. —Abraham Heschel*

Jesús era el maestro del arte de realizar preguntas punzantes,
pero ocasionalmente la gente le hacía preguntas a Él. En un
momento, Jesús envió a 70 personas a hablarle a otros acerca del
Reino de Dios. Cuando regresaron, le contaron maravillosas historias de vidas cambiadas. Un estudioso de la ley se encontraba
cerca y aprovechó para hacer una pregunta a Jesús —no porque
quisiera una respuesta sino porque deseaba obtener de Él una
respuesta controversial—. Preguntó: "Maestro, ¿qué debo hacer
para heredar la vida eterna?".

Jesús respondió con una pregunta (que es una manera brillante
de enseñar): "¿Qué dice la ley de Moisés? ¿Cómo la interpretas?".

El religioso respondió haciendo gala de su conocimiento de
las escrituras: "Ama al Señor tu Dios con todo tu corazón, con
toda tu alma, con toda tu fuerza y con toda tu mente" y "Ama a tu
prójimo como a ti mismo".

"¡Correcto! —le dijo Jesús—. ¡Haz eso y vivirás!".

La conversación podría haber terminado allí, pero no. El
hombre quería reducir el alcance de la gente a la cual Dios quería
que amara, así que preguntó: "¿Y quién es mi prójimo?".

Esa es la gran pregunta que he estado preguntando a lo largo de este libro … y a lo largo de mi carrera como pastor: ¿Qué tan estrechamente o ampliamente defines el alcance de a quiénes amas? ¿Será sólo a quienes son como nosotros, a quienes nos devolverán el favor? ¿Aquellos que contribuyen a nuestra alegría y los que nos hacen sentir cómodos? ¿O es suficientemente amplio como para incluir a gente que no satisface ninguna necesidad nuestra ni nos alegra la vida?

Jesús prosiguió con una historia que debe haber pasmado al estudioso y a todos los que escuchaban. Contó la historia del buen samaritano. Como recordarás, los Judíos despreciaban a los samaritanos. En la historia, Jesús presentaba al samaritano como un héroe. Un hombre judío había sido asaltado, golpeado y dejado por muerto al costado del camino. Dos líderes judíos, algo así como un pastor y un diácono, pasaron caminando por allí pero no se detuvieron a asistirlo. No querían salirse de sus agendas ni ensuciarse las manos. Dejaron al hombre al costado del camino. Luego llegó un samaritano. Se sobrepuso a una animosidad muy enraizada entre las razas, "y vino cerca de él, y viéndole, fue movido a misericordia". Inmediatamente comenzó a socorrerlo, desinfectó y vendó sus heridas, lo subió sobre su burro y lo llevó a un mesón para que pudiera recuperarse. Al día siguiente, el samaritano pagó por la estadía del hombre y prometió pagar cualquier costo adicional en su viaje de regreso.

Jesús estaba diciendo que así es como se evidenciaba el amor. Preguntó al estudioso, "¿cuál de los tres te parece que fue el prójimo del hombre atacado por los bandidos?".

Me encantaría ver una repetición de la escena. El estudioso ni siquiera pudo decir la palabra "samaritano". Contestó, probablemente en voz baja, "El que mostró compasión".

Jesús seguramente sonrió al decir: "Así es, ahora ve y haz lo mismo" (Lucas 10:25-37 NTV).

Cuando Jesús demostraba amar a los samaritanos, la gente creía que estaba insano. Cuando amaba a los que no encajaban y a los excluidos, lo miraban con desprecio. Cuando amó al recolector de impuestos que era rico pero odiado, pensaban que había perdido el rumbo. Esa es la medida del amor de Jesús: ¡es loco!

Una inversión sabia

Uno de los principios más importantes en cualquier relación, especialmente las que se encuentran en algún tipo de tensión, es que es más importante comprender que ser comprendido. Es tan importante que debemos ver este proceso como una inversión en nuestra relación con la otra persona. Cuando invertimos en una acción, en una propiedad o en cualquier otra cosa, sacrificamos algo en el corto plazo para ganar en el largo plazo. Dedicar tiempo a entender es un sacrificio en el corto plazo que puede llevar a beneficios a largo plazo en la relación.

Las conversaciones sobre cuestiones raciales suelen enfocarse en las políticas, pero, a veces, pueden tratarse también acerca de cómo cada persona interpreta el pasado. Las discusiones se encienden rápidamente, y los oídos se cierran por la insistencia de la gente en que el otro concuerde con su postura. Hay una mejor forma. Permíteme darte algunos consejos prácticos:

- *Deja tu conjunto predeterminado de convicciones a un lado.*

A menudo, llegamos a estas conversaciones con un "paquete" de convicciones acorazadas, posturas políticas sobre cada punto, y por las cuales estamos dispuestos a morir. Nos estamos preparando para una pelea y estamos dispuestos a pelear en todos los frentes. Esa no es manera de iniciar una conversación significativa tendiente a construir puentes. Si insistimos en que la otra persona concuerde en cada punto con nosotros, creamos un ambiente de combate, no de comprensión.

- *El objetivo no es ganar.*

Puede que estés pensando: "¿Estás bromeando? ¡Ese siempre es el objetivo!". Si eso es lo que estás buscando, expondrás todos los argumentos, dispararás tus mejores armas y utilizarás cada recurso manipulador que tengas, y, casi con seguridad, terminarás estropeando la relación. Un objetivo superador es entender a la otra persona, no intentar que ceda ante tu bombardeo de "verdad".

- *Sé más como Jesús y haz muy buenas preguntas.*

No estés esperando la oportunidad de introducir tu opinión y corregir el pensamiento equivocado de la otra persona. Es más, no compartas tus ideas y convicciones por un tiempo. Puedes decir: "Cuéntame cómo desarrollaste tu perspectiva en este tema". Y agregar: "Cuéntame más acerca de eso". Si la persona dice: "¿Qué piensas tú?, puedes decirle "Te contaré en un momento, pero ahora me interesa comprender cómo llegaste a tu posición".

- *Asegúrate de que, en algún momento, la persona sepa que comprendiste.*

Puedes decir: "Déjame contarte lo que estoy entendiendo de parte tuya". Y explica la perspectiva de la persona con tanta simpatía como puedas. Si lo logras, estás diciendo: "Eres una persona razonable, y te valoro, aunque esté en desacuerdo contigo en este tema". Si no lo logras, estás diciendo: "¡Eres un necio!".

- *Cuida tu tono de voz y tu lenguaje corporal.*

Un consejero una vez remarcó que, en las conversaciones acaloradas, la gente tiende a "agrandarse" o "achicarse". Algunos nos inclinamos hacia adelante, hablamos más fuerte, miramos profundamente a la persona y exigimos el acuerdo. Eso es agrandarse.

Pero en la misma interacción, otros parecen desvanecerse. Apenas podemos escuchar sus voces y no dan su opinión acerca de prácticamente nada. Eso es achicarse. Aprende acerca de ti mismo. Toma unos segundos periódicamente para observar cómo te estás viendo y cómo estás sonando. ¿Te estás agrandando? ¿Te estás achicando? Si lo estás haciendo, haz los ajustes necesarios para ser una persona madura, fuerte y sabia en la conversación.

- *Si fuera necesario, toma un tiempo para refrescarte y luego continúa.*

Si las cosas se ponen muy tensas, es totalmente apropiado decir: "Realmente quiero comprender lo que estás pensando, pero necesitamos tomar un descanso. Retomemos esta conversación en una hora (o mañana, o lo que fuera) y veamos si podemos progresar más sin que ninguno de nosotros se enfade".

- *Hay momentos en que debes hacer afirmaciones declarativas y esperar a ver qué sucede.*

Casi todo lo que estoy sugiriendo hace referencia a escuchar, y a escuchar un poco más, pero a veces necesitamos fijar una posición. No me refiero a agrandarse ni a intimidar a la gente, sino a afirmar calmadamente lo que crees. Antes de la elección de Donald Trump, Sarah Stewart Holland y Beth Silvers escribieron *I Think You´re Wrong (But I´m Listening)* —que significa *Creo que estás equivocado (pero te estoy escuchando)*—. En una entrevista, después de la elección, comentaron que las conversaciones políticas con familiares se habían vuelto más difíciles desde el año 2016. Después de la manifestación de la supremacía blanca en Charlottesville en 2017, algunos lectores esperaban que usasen su plataforma para aconsejar a la gente que trate de buscar la comprensión mutua, pero, en vez de hacer eso, Silvers escribió en un blog: "En este momento, en esta instancia, no estoy dispuesta a utilizar [mi plataforma] de esa manera. Mi voz y mi trabajo es decir: "Eso está mal. Es inaceptable en los Estados Unidos en el año 2017, y nuestras empresas, políticos y familias deben decirlo con palabras y con acciones"[37].

Sólo podemos invertir en comprender si estamos seguros. Si nos sentimos intimidados o a la defensiva cuando la gente está en desacuerdo con nosotros, no tendremos muchos diálogos significativos. Santiago, el medio-hermano de Jesús escribió en la apertura de su carta a los cristianos del primer siglo: "todos ustedes deben ser rápidos para escuchar, lentos para hablar y lentos para enojarse" (Santiago 1:19 NTV). Su consejo siempre es pertinente, sobretodo en la actualidad.

Deja a un lado tus derechos

Mucha gente asiste a la iglesia porque considera que es lo correcto, porque sus familias siempre lo han hecho y porque quieren ser parte de una comunidad. Para muchos, su entendimiento de la fe es que Jesús les ha dado un seguro contra incendios, un pase para "salir del infierno". Están en lo correcto, pero al mismo tiempo equivocados. Sí, cuando confiamos en Jesús, nuestro destino eterno cambia. Nos encontrábamos encaminados a un lugar de oscuridad total, donde el gusano no muere y el fuego no cesa, y ahora vamos camino al cielo. Es una verdad gloriosa, pero es sólo una parte de lo que significa ser cristiano. Fuimos salvados por el Rey, fuimos adoptados por el Padre, y ahora estamos involucrados en el "negocio familiar" de redimir a cada persona que quiera escuchar el evangelio de la gracia. Ser cristiano es mucho más que tener un seguro contra incendios, es amor y lealtad

---

37 The Art of Navigating a Family Political Discussion, Peacefully," Ashley Fetters, *The Atlantic,* Marzo 21, 2019, *https://www.theatlantic.com/family/ archive/2019/03/can-families-communicate-across-the-political-divide/585379/*

hacia Aquél que nos rescató. Hemos sido librados de la paga del pecado, pero ahora somos hijos e hijas de una familia real, con privilegios increíbles y responsabilidades importantes. Somos libres del pecado, y somos libres para servir al Dios que nos amó hasta la muerte, literalmente. Una manera de ver la experiencia de la gracia es pensar que antes de confiar en Jesús éramos exiliados, viviendo lejos de Él, pero Dios ... "nos ha librado de la potestad de las tinieblas, y trasladado al reino de su amado Hijo, en quien tenemos redención por su sangre, el perdón de pecados" (Colosenses 1:13-14 RVR 1960). Hemos cambiado de pasaporte: éramos ciudadanos del dominio de las tinieblas, pero ahora somos ciudadanos del Reino de Dios. El entendimiento de nuestra ciudadanía marca la diferencia en cómo respondemos ante cada situación.

Es una distinción crucial cuando pensamos en nuestros derechos. Nuestro país ha consagrado nuestros valores en la Declaración de Derechos, y uno de los momentos más grandiosos de la historia de nuestra nación fue durante el movimiento de los Derechos Civiles. Gente en muchos países lucha por tener el derecho a la libertad de discurso, el derecho de adorar de la manera en que lo crea conveniente, la libertad de prensa, libertad de reunión, derecho a portar armas y muchos otros —pero nosotros lo damos por sentado—. En los años 1960, estos derechos básicos de los estadounidenses fueron extendidos a todos los ciudadanos, sin importar su raza, color o credo. Pero como cristianos, nosotros renunciamos a nuestros derechos. Si no, no somos distintos a ningún otro ciudadano de nuestro país. Cuando insistimos en nuestros derechos, no estamos siendo luz en la oscuridad, ni sal que sala y preserva. Permíteme explicarme.

Jesús era increíblemente tierno y compasivo, pero, al mismo tiempo, feroz como un león. Él recibía a todos, pero su llamado a seguirlo era altamente demandante.

> Entonces Jesús dijo a sus discípulos: Si alguno quiere venir en pos de mí, niéguese a sí mismo, y tome su cruz, y sígame. Porque todo el que quiera salvar su vida, la perderá; y todo el que pierda su vida por causa de mí, la hallará. Porque ¿qué aprovechará al hombre, si ganare todo el mundo, y perdiere su alma? ¿O qué recompensa dará el hombre por su alma? (Mateo 16:24-26 RVR1960).

¿Qué significa "negarse" a sí mismo? No significa odiarse o ignorar las necesidades básicas. Significa decir "no" a nuestros deseos egoístas, y considerar nuestro rol en el reino como algo más importante que nuestros derechos como ciudadanos de este país. ¿Cómo podemos saberlo? Si sabemos qué buscar, lo veremos en todos lados. Cuando decimos: "La Izquierda está arruinando nuestro país," estamos afirmando que es nuestro derecho determinar la dirección que debe seguir el país. Cuando decimos que no es adecuado que las bases militares en el Sur sean nombradas en honor a líderes confederados, algunos insisten: "¡Es nuestra herencia!¡No pueden quitarnos eso!". Esa es una declaración de derechos percibidos. O cuando la gente reacciona con saqueos y altercados ante el asesinato policial de un hombre negro, está diciendo: "¡Tenemos el derecho a destruir las cosas porque hemos sido maltratados!".

El enojo, la frustración y la arrogancia son respuestas naturales ante la injusticia. Podemos experimentar estas emociones fuertes, pero Cristo quiere que renunciemos a nuestro derecho de venganza, a nuestro derecho de sentirnos ofendidos, y nuestro derecho de guardar rencor. En lugar de eso, seguimos a Jesús en una vida de gracia y verdad. No hay nada intrínsecamente malo con el sentimiento de enojo, pero nuestras expresiones de enojo suelen ser pecaminosas. Pablo escribió: "Si se enojan, no pequen" (Efesios 4:26 NVI). De hecho, está mal *no* enojarse contra la injusticia. Eso es falta de compasión por la gente que ha sido violentada. Sin embargo, necesitamos amor y sabiduría para templar nuestro enojo e impulsar nuestra aflicción hacia acciones sanadoras. ¿Cómo sería eso?

Mientras escribo este capítulo, otro hombre negro ha muerto a manos de un policía blanco. Esta vez ocurrió en Minneapolis. Un transeúnte grabó un vídeo donde se ve la rodilla del policía sobre el cuello de George Floyd durante casi nueve minutos. Él llamaba a su madre y jadeó una docena de veces: "No puedo respirar", y pudimos ver su cuerpo ya muerto aun siendo apretado contra el suelo por la rodilla del policía. Pedí a algunos pastores negros de nuestro equipo que compartieran el dolor que esta escena les generó. Cuando llamé a Andrew Momon, no pudo hablar por varios minutos, y luego su esposa Kendra describió el dolor y la profunda decepción de que este tipo de brutalidad racial siga ocurriendo en los Estados Unidos. Ella explicó que la verdadera amenaza es hacia los hombres negros, no tanto las mujeres, porque muchos blancos se sienten amenazados por ellos con sólo verlos.

El mismo día en que George Floyd murió, un hombre negro, Christian Cooper, estaba avistando aves en Central Park de Nueva York. Allí, amablemente le pidió a una mujer blanca que pusiera una correa a su perro en ese sector del parque. Ella inmediatamente dijo: "Le tomaré una foto y llamaré a la policía. Les diré que hay un afroamericano amenazando mi vida". Más tarde, la hermana de Christian compartió el vídeo del suceso. Escribió: "Comparto esto sobretodo porque vemos la narrativa donde dice "ella llamó a la policía a causa de un hombre negro como si fuera un ente sin rostro, no como una persona que vive y respira". La mujer blanca fue despedida de su trabajo a causa del incidente, pero en una entrevista, Cooper tranquilamente explicó que desearía que no hubiera sido despedida. Para ella, la sola imagen de un hombre negro era una amenaza contra su vida, sin importar qué tan educado y amable fuera el hombre (¡estaba avistando aves!). Pero para él, incluso la sobrerreacción de ella y su amenaza hacia él, no fue motivo de amargura.[38] Eventualmente, la mujer se disculpó. En una entrevista le preguntaron a Cooper qué respondía a ese pedido de disculpas. Esto fue lo que dijo:

> Acepto su disculpa. Considero que es un primer paso. Creo que debe reflexionar sobre lo que ocurrió porque, hasta el momento en que ella hizo esa afirmación, no era más que un conflicto entre un aficionado a las aves y alguien que paseaba a su perro, pero ella lo llevó muy rápidamente a un lugar muy oscuro. Creo que tiene que pensar cómo y por qué ocurrió eso. No se trata tanto de ella misma y de su mala decisión en un milisegundo. Se trata de las percepciones racistas subyacentes que llevan siglos en la sociedad y

---

38 "Christian Cooper Is My Brother. Here's Why I Posted His Video," Melody Cooper, *New York Times*, Mayo 31, 2020, *https://www.nytimes.com/2020/05/31/ opinion/chris-cooper-central-park. html*

que permean esta ciudad y este país, a las cuales ella se conectó.[39]

Christian Cooper renunció a su derecho a sentirse ofendido. Su comportamiento calmado durante y después del altercado con la mujer, demostró una profundidad de carácter que admiro. En una "nación de víctimas" donde la gente se siente completamente justificada para expresar su ira sobre cada mínima ofensa, Cooper es un modelo de lo que significa renunciar al derecho a la venganza.

Quiero aclarar que, el hecho de que los cristianos debamos renunciar a nuestros derechos no significa que debamos permitir que los demás sean crueles con nosotros. Puedo imaginar cómo suena la frase "renunciar a nuestros derechos" para una mujer que es víctima de violencia doméstica o un niño que vive con un padre abusador. Tenemos el derecho a la auto-preservación contra este tipo de tratos. Pablo lo demostró cuando estaba a punto de ser azotado, pero informó al soldado que era un ciudadano romano con derechos. Jesús se defendió en discusiones con los líderes religiosos, y en varias ocasiones, escapó de sus garras para vivir un día más. Pero todo lo que dijo e hizo fue en favor del propósito del Padre, no para complacerse a sí mismo. Eso es lo que significa negarnos a nosotros mismos: Vivimos por un propósito mucho mayor y más alto que nuestros propios objetivos; vivimos por el propósito de Dios.

Es inevitable que la gente nos ofenda, a veces sin querer, a veces con intención. Cuando esto ocurre tenemos una decisión que tomar. Podemos aferrarnos a nuestro derecho como víctimas

39 "Christian Cooper accepts apology from woman at center of Central Park confrontation," Allie Yang, ABCNews, Mayo 28, 2020, *https://abcnews.go.com/US/ christian-cooper-accepts-apology-woman-center-central-park/story?id=70926679*

y reaccionar tratando de hacer que la persona pague por lo que hizo, o podemos rendir nuestros derechos y responder con amor. No cediendo pasivamente, sino viviendo en ese entendimiento de la maravillosa verdad y gracia. Si reaccionamos reclamando nuestro derecho a sentirnos ofendidos y a defendernos, será como tirar leña al fuego. La otra persona se pondrá a la defensiva y continuará el ciclo destructivo. Pero si elegimos amar, perdonar y ser amables, el fuego cede y el ciclo de venganza es roto, por lo menos desde nuestro lado

¿Será siquiera posible?

La *línea* divisoria

Es parte de la naturaleza humana el preferir a los de nuestro propio tipo, despreciar al "otro" y evitar la interacción con aquellos que no contribuyen a nuestra alegría. Jesús modeló y enseñó un tipo de amor que es una línea divisoria en la historia de la humanidad. En su mayor sermón, lo describió en detalle. Comenzó diciendo algo que todos entendían: "Oísteis que fue dicho: Amarás a tu prójimo, y aborrecerás a tu enemigo". Puedo imaginarme a todos asintiendo. Eso era lo que habían aprendido todas sus vidas. De hecho, el dicho "ojo por ojo, diente por diente", la regla del talión, fue dada para evitar que la gente tomara represalias desproporcionadas. En otras palabras, si alguien te sacaba un ojo, la ley del talión te impedía quitarle dos ojos. La reciprocidad era la mayor gracia y amabilidad que se podía esperar en esa época.

Pero Jesús presenta una alternativa asombrosa: "Pero yo os digo: Amad a vuestros enemigos, bendecid a los que os maldicen, haced bien a los que os aborrecen, y orad por los que os ultrajan y os persiguen" (Mateo 5:44, RVR 1960). ¿Quiénes eran sus enemigos? Los judíos eran un pueblo orgulloso. Dios les había dado una identidad única, una rica historia y la tierra de sus padres, pero en los siglos anteriores, los sirios y los romanos habían ocupado su tierra como conquistadores. La mayoría de nosotros no nos hacemos una idea de lo que es vivir en tu tierra bajo dominio extranjero. Para tener una referencia, podemos pensar en los franceses, belgas y polacos cuando los alemanes nazis los oprimieron durante la Segunda Guerra Mundial. Era desmoralizante y deshumanizante. Para los judíos en la Palestina del siglo primero, los romanos eran como las fuerzas ocupadoras nazis —y los odiaban—. Y por supuesto, también estaban los samaritanos que vivían a sólo unas millas de Jerusalén. Ellos también eran enemigos jurados de los judíos. Durante este período, un partido político llamado los Zelotes consideraba que era su destino rebelarse contra los romanos. Uno de los discípulos de Jesús era un Zelote, y es posible que los dos "ladrones" en las cruces al lado de Jesús, hayan sido miembros del grupo que luchaba por el fin de la autoridad romana. (Los conocemos como "ladrones" pero los ladrones no eran ejecutados de esta manera. La cruz estaba reservada para los peores criminales, especialmente para los traidores como los Zelotes). Era chocante que Jesús les estuviera diciendo que debían amar a los ocupadores romanos, debían orar por ellos y bendecirlos. Les estaba diciendo que rindieran su derecho de vengarse y lo reemplazaran con amor genuino. Es una exigencia exagerada, ¿verdad?

Esto es lo que diferencia a la cristiandad de cualquier otro sistema de creencias, espiritual o secular. Cabe destacar que la gente a la cual Jesús nos manda amar no está simplemente "allí fuera en algún lugar" sino que está persiguiéndonos activamente y tratando de dañarnos. Nos maldice y hace lo posible por destruir nuestras reputaciones y nuestra seguridad. Puede que viva en nuestros vecindarios, que participe en nuestros equipos de deportes, que trabaje a nuestro lado a diario, o que viva bajo nuestro mismo techo. Jesús está diciendo que nadie está fuera del alcance de nuestro amor.

Jesús debe haber sabido que la gente que lo estaba escuchando estaría profundamente asombrada, así que hizo una comparación para ayudarles a entender. Cuando amamos a nuestros enemigos, oramos por quienes nos persiguen, y bendecimos a los que nos usan cruelmente, estamos actuando como Dios. Tenemos que recordar que nosotros mismos éramos Sus enemigos, adorábamos lo creado y no al Creador, y usábamos a la gente en lugar de amarla … pero el amor de Dios es tan grande que aun así nos amó. Ese es el profundo pozo de amor del cual podemos alimentarnos; amamos a los demás de la manera que Dios nos ama a nosotros.

Pero Jesús no había acabado de dejar claro su punto. Mucha gente habla de amor, pero no se refiere a este tipo de amor. El tipo de amor que presenta la gente es el recíproco, no el sacrificial. Jesús continuó su mensaje haciendo preguntas cuyas respuestas eran obvias: "Porque si amáis a los que os aman, ¿qué recompensa tendréis? ¿No hacen también lo mismo los publicanos? Y si saludáis a vuestros hermanos solamente, ¿qué hacéis de más? ¿No hacen también así los gentiles?". No es gran cosa amar a quienes nos aman, pero es verdaderamente un desafío amar a quienes no tienen nada que ofrecernos a cambio. No mejoran nuestra vida, no nos hacen sentir más cómodos, y, en realidad ni les importamos —pero aun así les amamos—. Jesús finaliza su mensaje con esta instrucción: "Sed, pues, vosotros perfectos, como vuestro Padre que está en los cielos es perfecto" (Mateo 5:38-48 RVR 1960). No está hablando de la perfección por la ausencia absoluta de pecado. Está hablando de la increíble cantidad de amor —amor perfecto, no superficial ni condicional —que Dios ha depositado en nuestros corazones, para que podamos seguir transfiriéndolo hacia las vidas de las personas que no son como nosotros y que no nos quieren.

Más adelante en el primer siglo, cuando la iglesia estaba creciendo y atrayendo gente de todas las razas y nacionalidades, comenzaron a aparecer sospechas y animosidades. En su primera carta a todas las iglesias, Juan escribió: "Amados, amémonos unos a otros; porque el amor es de Dios. Todo aquel que ama, es nacido de Dios, y conoce a Dios. El que no ama, no ha conocido a Dios; porque Dios es amor. En esto se mostró el amor de Dios para con nosotros, en que Dios envió a su Hijo unigénito al mundo, para que vivamos por él. En esto consiste el amor: no en que nosotros hayamos amado a Dios, sino en que él nos amó a nosotros, y envió a su Hijo en propiciación por nuestros pecados. Amados, si Dios nos ha amado así, debemos también nosotros amarnos unos a otros" (1 Juan 4:7-11 RVR 1960).

Captaste eso: "El que no ama, no ha conocido a Dios; porque Dios es amor". Yo lo pondría de esta manera: la gente que verdaderamente conoce a Dios ha experimentado tanto amor que comienza a fluir de ellos hacia la gente que no amarían naturalmente. Los blancos, los negros, los hispanos, los asiáticos y los nativos americanos han construido una animosidad durante siglos, pero todo eso se desvanece frente a la compasión, la amabilidad y el afecto que experimentamos en Cristo. ¿Ocurre esto sólo entre creyentes? Bueno, sí y no. Es particularmente cierto entre quienes conocen a Jesús porque compartimos la experiencia de haber sido perdonados, amados y aceptados por el Rey del Universo. Pero, a medida que superemos nuestras tensiones raciales y demostremos amor los unos por los otros, el mundo lo notará. Será muy atractivo para algunos y muy confuso para otros, y algunos se sentirán amenazados porque no son capaces de comprender algo tan extraño y maravilloso.

El punto es claro: no se espera de nosotros que amemos con un corazón vacío. A medida que Dios llena nuestros corazones con amor asombroso, somos capaces de amar a otros. Pero lo opuesto también es cierto: si no amamos a otros, es una señal de que el amor de Dios todavía no ha penetrado nuestros corazones.

Un lente distinto

Hace algunos años, Colleen y yo llevamos a una niña a nuestro hogar. Descubrimos que ya había sido una "sin-techo" anteriormente y sentimos que Dios nos estaba diciendo que tratemos de ayudarla. Ella venía de una familia de razas mixtas: su padre era afroamericano y su madre mexicana. Su padre había tenido problemas de alcoholismo y drogadicción, pero durante un tiempo, después de que ella había nacido, había podido superar sus problemas y llegar a tener su propio negocio en una zona rural predominantemente blanca. Desafortunadamente, en un vaivén económico, su padre perdió su negocio y volvió a los patrones que lo habían llevado a períodos anteriores de encarcelamiento. Para Khylee y su familia, vino un tiempo de incertidumbre financiera, entrando y saliendo de alojamientos temporarios. La adicción de su padre terminó en su arresto y una larga condena por cargos relacionados con las drogas bajo la ley de los "tres strikes". Durante la sentencia final, su padre nació de nuevo y fue sanado de su adicción. Sin embargo, Khylee y su familia no llegaron a cosechar los frutos de su rehabilitación porque él falleció 17 años después de cáncer mientras cumplía su condena. La mamá de Khylee quedó sola para criar a cinco hijos. Teniendo poca educación formal, sufrió presiones inimaginables para lograrlo sin tener una familia o red de apoyo. Tras seis años, la mamá de Khylee sufrió un colapso mental y dejó la casa. Nunca más regresó.

Durante un tiempo, los cinco niños lograron sobrevivir por su cuenta: asistían al colegio, practicaban deportes y trabajaban a tiempo parcial. Obviamente necesitaban ayuda. Eventualmente, el mayor de ellos consiguió un lugar propio para vivir. Khylee y quien le seguía en edad fueron acogidos por familias cuyos hijos pertenecían a los mismos equipos de deportes, y los hermanos menores fueron enviados a vivir con la familia extendida en otra ciudad. Hasta que llegó a la universidad, Khylee fue mudándose de casa en casa de varios amigos y familias de la comunidad.

Khylee se mudó a Atlanta después de graduarse de la universidad y vino a nuestra casa varios años más tarde. Ella había sido traumatizada por las experiencias de su familia. Deseábamos brindarle el amor y la seguridad que tanto necesitaba. Eventualmente, llegó a ser como nuestra segunda hija y siempre será parte de nuestra familia.

Años más tarde, se unió al Ejército y fue enviada en un tour a Kuwait. Los soldados negros y blancos de su unidad fueron desplegados a Tailandia mientras ella asistía a un curso de liderazgo. Durante el tour, el grupo pensó que era una buena oportunidad para romper algunas reglas y pasarla bien. Cuando Khylee escuchó lo ocurrido y trató de reportarlo, el grupo reaccionó contra ella. La tensión se volvió feroz, así que ella nos llamó a Colleen y a mí para pedir consejo. Ella quería dejar esa unidad, pero le dije: "El nivel de decepción de una persona refleja la diferencia entre la expectativa y la realidad. Es entendible tu nivel de decepción porque esperabas estar en una unidad donde todos se apoyaran mutuamente y no es así. Aunque suene extraño, lo que debes hacer es bajar tus expectativas hasta que se condigan con la realidad. Así podrás ser sabia, podrás ser fuerte y no serás decepcionada. No digo que será fácil y divertido, pero ya no te sorprenderá".

El mismo principio aplica a las relaciones raciales. Es necio esperar que gente que no conoce a Jesús muestre amor y compasión hacia la gente que no es como ellos. Es mucho más razonable esperar que la gente piense, actúe y sienta como los conquistadores romanos y los samaritanos; o como los judíos que los despreciaban. La Biblia dice, claramente, que quienes no conocen a Dios son egoístas, hambrientos de poder, se sienten amenazados con facilidad y son reactivos. Cuando esperamos que ellos sean amables y comprensivos, terminamos siendo decepcionados y nos enfurecemos.

¿Cómo respondió Jesús a quienes lo ridiculizaban, calumniaban y conspiraban para matarlo? Los amó. Una y otra vez, se movía hacia sus enemigos para conversar con ellos, para enseñarles acerca del Reino de Dios y demostrarles el amor de Dios. Ellos no esperaron hasta el final para conspirar para matarlo. En el tercer capítulo del Evangelio de Marcos, vemos a Jesús en la sinagoga sanando a un hombre con una mano seca. Pensarías que todos estarían emocionados, pero los líderes religiosos estaban enojados. "Los fariseos salieron enseguida y se reunieron con los partidarios de Herodes para tramar cómo matar a Jesús" (Marcos 3:6 NTV). Es notable. Los fariseos eran el partido de la tradición, eran quienes enseñaban la Biblia y se esforzaban por cumplir cada mandamiento. Los herodianos eran la familia del rey Herodes, un judío que era un títere de los romanos. Los fariseos y los herodianos se detestaban mutuamente, pero encontraron una causa común en su odio contra Jesús. ¿Por qué? Porque su amabilidad, su poder para sanar, y su popularidad amenazaban su posición en la cultura. Tal vez sea de aquí que nace la frase "Ninguna buena acción queda sin castigo". Como hemos visto, mientras Jesús colgaba de la cruz, siendo inocente, muriendo por los culpables, quienes lo odiaban siguieron vertiendo su odio hacia Él y burlándose. Él miró sus rostros y oró: "Padre, perdónalos, porque no saben lo que hacen" (Lucas 23:34 NTV). "¿Qué? ¿Cómo que no saben lo que hacen? ¿No es obvio que te quieren matar?". Claro, pero no es a lo que Jesús se refería. Ellos verdaderamente creían que lo que estaban haciendo estaba bien y era lo correcto. No entendían que el temor los había cegado y que estaban matando a su Mesías, a su Rey, al Señor de la vida.

Jesús utilizaba un lente distinto para ver a quienes lo odiaban. Miraba más allá de la superficie y veía sus corazones. Ellos lo veían como una amenaza, pero Él era su Sanador. Lo veían débil, pero era el Todopoderoso Creador. Lo veían como un rebelde, pero era la única persona que siempre había sido fiel.

Necesitamos los lentes de Jesús. Cuando veo a la gente que es prejuiciosa, ya sean blancos contra negros o viceversa, intento ver por debajo de la superficie y entender que la discriminación es lo que han aprendido desde pequeños. No sorprende que sean racistas, intolerantes o paternalistas, así que soy realista cuando escucho sus palabras y veo sus acciones.

Cuando le expliqué esta forma de pensar a Khylee, su nivel de ansiedad cedió y recuperó la confianza de que podría controlar la situación. Ella bajó su nivel de expectativa, lo cual la hizo no ponerse a la defensiva, y se dio cuenta de que la ridiculizaban porque ellos mismos eran inseguros. Ella se comprometió a amarlos, aunque ellos no devolvieran el favor, a hacerles el bien, aunque ellos quisieran dañarla, y a orar por ellos aunque dijeran cosas feas de ella. La única manera de conquistar el mal es con el bien. Responder a la maldad con más maldad sólo inflama a ambos lados y empeora la situación.

Amar "al otro" es lo que los verdaderos cristianos hacen … o por lo menos es lo que los verdaderos cristianos genuinamente desean hacer. Y moverán cielo y tierra para hacer que ocurra. La gente puede pensar que somos locos por amar así. Es lo que pensaban de Jesús, así que estamos bien.

Para Pensar

¿A quién conoces que sea un buen oidor? ¿Qué hace esa persona para entender a la gente de la mejor manera? ¿Qué efecto tiene en ti?

Recuerda los principios para la buena comunicación en la sección "Una Inversión Sabia". ¿Cuáles aplicas bastante bien? ¿En cuáles necesitas mejorar? ¿Qué pasos concretos puedes tomar?

¿Estás de acuerdo con el concepto de que, como cristianos, dejamos de lado nuestros derechos cuando decidimos seguir a Jesús y negarnos a nosotros mismos? Explica tu respuesta.

En una escala de 0 (para nada) a 10 (todo el tiempo), ¿cuánto amas, oras y bendices a gente que representa "al otro"? ¿Qué te dice esto acerca de ti mismo?

¿Qué excusas suele poner la gente (especialmente los que se dicen cristianos) cuando rehúsa amar como Jesús ama?

Recuerda la frase: "El nivel de decepción de una persona refleja la diferencia entre la expectativa y la realidad". ¿Cómo te ayudaría aprender a vivir según este principio?

Capítulo 8

Derribando muros

Dios hace su mejor trabajo en medio de la unidad. De hecho, la unidad es tan importante en la iglesia que se nos dice que debemos estar de guardia contra quienes tratan de destruirla. Dios ha reconciliado intencionalmente a los grupos raciales en un nuevo hombre, uniéndolos en un nuevo cuerpo, para que la iglesia funcione como uno. Cuando la iglesia funciona como uno, es como alardear de Dios ante un mundo que lo necesita desesperadamente. —Tony Evans

En Israel, el muro que separa al pueblo judío de los palestinos es inconfundible. Se comenzó a construir en Setiembre del año 2000 durante la segunda Intifada con el fin de detener la violencia política palestina, y fue terminado tres años más tarde. La barrera de 440 millas fue propuesta como una medida temporal, pero se ha convertido en la frontera permanente entre Israel y Cisjordania. Más allá de nuestras opiniones acerca de la justicia o injusticia de cada parte involucrada, el punto es que se erigió una barrera física para mantener separados a dos grupos étnicos. Y resultó ser muy exitosa.

Muchos años antes, existía otro muro tangible en la misma área. El templo de Jerusalén, el sitio más sagrado para los judíos, tenía áreas bien marcadas, incluyendo el lugar santísimo donde sólo podía entrar el sumo sacerdote una vez al año, el altar de sacrificios, el sector de mujeres y el sector de los gentiles. El área asignada a los gentiles (aquellos que no eran judíos, pero deseaban adorar a Dios) estaba separada por un muro que mantenía las razas separadas. Como vimos en la interacción de Jesús con la mujer samaritana que sacaba agua del pozo, ella se vio sorprendida de que Jesús le hablara: "ya que los judíos rechazan todo trato con los samaritanos" (Juan 4:9 NTV).

Los judíos llevaban mucho tiempo siendo "la posesión preciada" de Dios, una posición superior a cualquier otra nación o grupo en el mundo. Unos años más tarde, Pablo utilizó la imagen del muro de los gentiles en el templo para demostrar un punto dramático. Escribió que todos nosotros, judíos y gentiles, estamos en el mismo barco: alejados de Dios a causa de nuestros corazones entenebrecidos. "Pero Dios, que es rico en misericordia, por su gran amor con que nos amó, aun estando nosotros muertos en pecados, nos dio vida juntamente con Cristo (por gracia sois salvos)" (Efesios 2:4-5 RVR 1960).

Pero Pablo dejó muy claro que las cosas habían cambiado: No hay distinciones en la familia de Dios, no existen los incluidos y excluidos, no hay razas mayores y menores, no hay juicios de valor basados en los trasfondos o las costumbres. Los judíos habían disfrutado de una situación privilegiada durante siglos, pero ahora la puerta estaba abierta para todos. Pablo se dirigió a los gentiles diciendo: "En aquel tiempo estabais sin Cristo, alejados de la ciudadanía de Israel y ajenos a los pactos de la promesa, sin esperanza y sin Dios en el mundo. Pero ahora en Cristo Jesús, vosotros que en otro tiempo estabais lejos, habéis sido hechos cercanos por la sangre de Cristo" (v.12-13).

Las suposiciones pasadas acerca de la superioridad racial fueron destruidas completamente, el temor al rechazo fue disuelto, y se abrió la puerta a la igualdad. Pablo utilizó la imagen del muro en el templo para sostener este punto:

> Porque él es nuestra paz, que de ambos pueblos hizo uno, derribando la pared intermedia de separación, aboliendo en su carne las enemistades, la ley de los mandamientos expresados en ordenanzas, para crear en sí mismo de los dos un solo y nuevo hombre, haciendo la paz, y mediante la cruz reconciliar con Dios a ambos en un solo cuerpo, matando en ella las enemistades. Y vino y anunció las buenas nuevas de paz a vosotros que estabais lejos, y a los que estaban cerca; porque por medio de él los unos y los otros tenemos entrada por un mismo Espíritu al Padre (v. 14-18).

¿En serio ninguna diferencia? Ninguna. ¿Se dejan de lado las animosidades de antaño? Sí, están disueltas en el amor de Jesús. ¿No más separación? No más separación porque la gracia ha derribado el muro divisorio.

Sin embargo, ese muro no se derrumba sólo porque movamos nuestras manos. En el primer siglo, la unidad requería una enseñanza clara al respecto y tener el valor de esforzarse para alcanzar a los que habían estado del otro lado del muro. Para nosotros, el cambio comienza cuando identificas los ladrillos.

Ladrillos en el muro

La historia, la cultura y las sospechas naturales, son factores que fortalecen los muros. Cuando los examinamos de cerca, veremos cómo es que se sostienen tan firmes por tanto tiempo.

• *Perspectivas Conflictivas*

Ante cualquier evento racial, parecería que cada raza ve la situación desde perspectivas diametralmente opuestas. Los blancos individualizan el problema: es culpa de esa persona; pero los negros lo generalizan: el problema siempre es más profundo y más amplio que cualquier circunstancia puntual. Los blancos suelen insistir en que los negros e hispanos tienen muchas oportunidades, y que cualquier intento de nivelar la situación resulta, de hecho, en una discriminación inversa contra ellos. Los negros cargan con la devastación de décadas de pobreza, educación deficiente, desconfianza y burlas. Ellos se ven como víctimas del sistema, sienten que tienen pocas oportunidades. Los hispanos no han sufrido lo mismo que los negros, pero aun así consideran que los blancos están en su contra.

• *Soluciones Simplistas*

Algunos de quienes conocen mi corazón por la reconciliación racial me han dicho: "si todos nos volviéramos incapaces de distinguir colores, las tensiones raciales desaparecerían". Bueno, eso sería lindo, pero es poco razonable. Algunos apuntan al estado de bienestar creado por la Gran Sociedad de Lyndon Johnson, como el programa nacional que tenía buenas intenciones, pero que ha tenido devastadoras consecuencias inesperadas en las vidas de la gente pobre, especialmente para las familias de raza negra. Las desigualdades en materia de vivienda, escuelas, empleo, salarios y salud, no se solucionan con simples deseos.

"Simplemente" no es la palabra que debemos usar cuando hablamos de cuestiones de raza. Demasiada gente dice: "Si la gente de raza negra simplemente hiciera esto o esto, estaría bien y no se quejaría tanto". (Incluso algunas personas negras opinan así). Otros insisten: "Si la gente blanca simplemente nos diera una oportunidad, nos diera mejores escuelas o nos ayudara a llegar a las universidades, progresaríamos mucho".

Los problemas raciales han estado con nosotros desde que los primeros esclavos desembarcaron de un barco en Jamestown en 1619, y siete años más tarde en el puerto de Nueva York. Peleamos la larga y sangrienta guerra civil para terminar con la esclavitud, pero los negros continuaron siendo ciudadanos de segunda clase y viviendo en temor por casi 100 años. La balanza se niveló un poco más con los avances en los años 1960, pero todavía no está equilibrada. Cuando un soldado sufre de estrés post-traumático, los efectos duran años, si no toda la vida. La esclavitud y la segregación basada en las leyes de Jim Crow son una especie de estrés post-traumático en la psiquis de la raza negra, y los efectos todavía están presentes. Hemos logrado algunos avances desde la Ley de los Derechos Civiles de 1964, pero el odio racial que hemos visto en los últimos años me hace preguntarme cuánto realmente hemos progresado.

• *Desconfianza*

Los blancos que no sienten ninguna compasión por los problemas que los negros enfrentan en los Estados Unidos, o bien no conocen a ninguna persona de raza negra, o sus corazones no han sido ablandados por el amor de Dios. No me sorprende que los negros sientan que tienen que luchar para lograr un lugar en los espacios principales de los Estados Unidos. No confían en que los blancos les cubran las espaldas porque casi todo lo que han visto, oído o experimentado consiste en formas sutiles o directas de rechazo.

Los hispanos han visto a los Estados Unidos como la tierra de oportunidades para proveer para sus familias, especialmente como contraste con la violencia de pandillas y la pobreza en sus lugares de origen. Pero la retórica de algunos conservadores es escalofriante. Se sienten difamados. Como hemos visto, la mayoría llegó al país de forma legal y se quedó más tiempo del permitido por sus visas, pero todos los que se encuentran en el país de manera ilegal se sienten increíblemente vulnerables al duro lenguaje y las propuestas que se escuchan desde el gobierno y desde la iglesia.

De hecho, los hispanos suelen sentirse rechazados por los negros también, porque éstos consideran que los hispanos están quitándoles oportunidades. Incluso entre los hispanos, he visto que hay prejuicios entre gente de distintos países: por ejemplo, los colombianos (y la gente de casi todos los otros países de Latinoamérica) menosprecian a los mexicanos.

Muchos asiáticos simplemente no están interesados en la reconciliación racial. Usualmente permanecen con su propia gente, creando subculturas, donde comercian, trabajan y viven con gente como ellos.

Los puntos de vista que erosionan la confianza están tan enraizados en los corazones y mentes que ciegan a la gente y le impiden ver la necesidad de la reconciliación y la belleza que hay en ella.

- *Geografía*

Mucha gente de raza negra cree que los blancos viven cómodamente en sus casas en los homogéneos suburbios y no tienen ni idea de los verdaderos problemas que enfrente la gente de color. En las décadas de 1950, 1960 y 1970, la demografía de las grandes ciudades sufrió un gran cambio. El vuelo blanco desde las grandes ciudades tiene varias causas: la desintegración de las áreas céntricas, el hecho de que gente de raza negra comenzó a mudarse a vecindarios predominantemente blancos, y prácticas bancarias, como los rechazos de créditos por lugar de residencia y los convenios racialmente restrictivos. Todo esto devino en una sobrepoblación y una decadencia de las ciudades del interior. Además, las instituciones financieras veían a los negros como un riesgo crediticio, lo cual limitaba sus posibilidades en términos de vivienda y de negocios.

Más recientemente, los negros e hispanos se han estado mudando hacia los suburbios, y ha comenzado una nueva ronda de vuelo blanco, donde los blancos encuentran otros suburbios o zonas más alejadas que son predominantemente blancas. Samuel Kye, estudiante de doctorado en la Universidad de Indiana considera que la mudanza tiene más que ver con motivos económicos que con la intolerancia: "Ha habido quienes argumentan que el vuelo blanco no es una respuesta basada en la intolerancia racial sino una respuesta natural a la disminución de la mediana del ingreso de los hogares en un vecindario, o a la disminución del valor de las propiedades que ha ocurrido históricamente cuando ha habido un influjo de residentes no-blancos". Su estudio muestra que la gente de color "dice que su vecindario ideal es uno integrado, mientras que los blancos, en general, indican que lo deseable para ellos sería un vecindario con vecindarios predominantemente blancos"[40].

- *Idolatría Cultural*

No me refiero a las pequeñas estatuillas que la gente adora. Idolatría es poner cualquier cosa o persona en el lugar que sólo le corresponde a Dios en nuestras vidas. Nuestra cultura nos da muchas cosas buenas, incluidos valores, un estilo de vida en particular, y un sentido de identidad, pero si no somos cuidadosos,

---

[40] "White flight didn't disappear—it just moved to the suburbs," Greta Kaul, *Minneapolis Post*, Marzo 21, 2018, *https://www.minnpost.com/politics- policy/2018/03/white-flight-didn-t-just-moved-suburbs/*

podemos acabar dándole más valor a nuestra cultura que a Cristo. Cuando esto ocurre, cuestiones culturales se vuelven más importantes que el amor, el perdón, la sabiduría, la amabilidad y la aceptación.

Yo crecí en un pequeño pueblo de Georgia, comía comida del campo, escuchaba música "country", hablaba con acento campestre, iba a una escuela del campo e interactuaba con gente de campo. Honestamente, no me senté a comparar cuidadosamente mi cultura con otras para elegir cuál tomaría como propia; era la única disponible.

Cuando me convertí al cristianismo, pude dar unos pasos hacia atrás y analizar críticamente mis creencias. Me di cuenta de que era un "supremacista del campo" —yo creía que mi cultura era mejor que cualquier otra—.

Casi todos nosotros comenzamos así. Recuerdo una conversación con un joven que era segunda generación coreano-americano. Le pregunté cuál era el principal desafío que había enfrentado para encajar en los Estados Unidos. Respondió rápidamente: "Es fácil. Lo más difícil es lograr que mis padres me dejen volverme más estadounidense. Ellos creen que la cultura coreana es muy superior a la estadounidense y no quieren que cambie de bando. Cuando estoy con ellos asistimos a una iglesia coreana, comemos comida coreana y compramos en tiendas que pertenecen a coreanos. Yo asistí a una escuela privada coreana y mis padres viven en el barrio coreano".

Le dije: "Cuéntame más".

Sus ojos se agrandaron. Evidentemente mi pregunta había tocado una fibra delicada. Dijo: "Si llevara una chica estadounidense a mi casa a conocer a mis padres, ellos explotarían. Es inconcebible para ellos. Lo considerarían una traición a todo lo que valoran".

Los coreanos no son los únicos que pueden practicar idolatría cultural. Cuando valoramos la herencia y las costumbres por sobre la gente, somos igualmente culpables.

¿Qué es lo que la mayoría de los estadounidenses valora supremamente? ¿Cuáles son nuestros ídolos culturales? Hace unos años, un filósofo cristiano identificó dos búsquedas: la paz a nivel personal y la riqueza, es decir, el derecho de tener una vida sin problemas ni conflictos, y la comodidad de tener mucho dinero para hacer lo que se desee. Estos objetivos no son nuevos. En el segundo siglo, Justin Martyr escribió acerca de la forma en que una relación con Jesús cambia radicalmente la identidad cultural:

> ...nosotros que valoramos sobre todas las cosas la adquisición de riquezas y posesiones, ahora traemos lo que tenemos a un pozo común, y nos extendemos a todos los que se encuentran en necesidad; quienes nos odiábamos y destruíamos mutuamente, y que no hubiésemos vivido con gente de otras tribus, ahora, desde que hemos conocido a Cristo, vivimos familiarmente con ellos, oramos por nuestros enemigos y nos proponemos persuadir a quienes nos odian sin razón para que vivan conforme a los buenos preceptos de Cristo, a fin de que puedan ser partícipes de la misma esperanza de una recompensa de parte de Dios, el Creador de todo. [41]

---

41 Justin Martyr, *First Apology*, Capítulo XIV.

En la cultura de Reino, nuestras pasiones son dadas vuelta. En lugar de estar obsesionados por "la adquisición de riquezas y posesiones," damos generosamente a quienes están en necesidad. Y en lugar de buscar la paz, a partir de la estrategia de mantenernos alejados de "gente de otras tribus," nos acercamos a ellos y soportamos la hostilidad en aras del evangelio. Justin Martyr entendía que la reconciliación racial —y todo tipo de reconciliación— sólo es posible cuando nuestros corazones son transformados por la gracia de Dios.

- *Heridas del Pasado lejano y reciente*

En el cuerpo humano, una herida que no ha sanado es una puerta a la infección y a problemas aún peores. En el corazón humano, las heridas que no han sanado son como infecciones, que traen amargura, nos hacen frágiles y extremadamente sensibles, y refuerzan nuestra creencia de que somos víctimas, y siempre lo seremos. La autocompasión carcome nuestras almas, robándonos el gozo, la valentía y el amor.

Hemos visto que muchos blancos se ven como víctimas de discriminación inversa. Algunos políticos remueven las costras de estas heridas para que permanezcan abiertas y causando dolor. Los negros tienen muchas más razones para tener esta percepción negativa porque han sufrido incontables injusticias durante siglos. Aproximadamente 12.5 millones de africanos fueron enviados en barcos al Nuevo Mundo, fundamentalmente a las plantaciones en el Caribe y Sudamérica, y casi 2 millones murieron en viaje. La Iniciativa de Justicia Igualitaria (Equal Justice Initiative) indica que en los Estados Unidos ocurrieron alrededor de 6500 linchamientos.[42] Muchos no fueron simplemente ahorcamientos; sino que incluyeron torturas horrorosas, mutilaciones y hasta

---

42 "Reconstruction in America," Equal Justice Initiative, *https://eji.org/reports/ reconstruction-in-america-overview/*

ocasiones en que se quemaron vivas a las personas. El objetivo no era solamente matar a la persona sino infligir un dolor tan prolongado que la comunidad negra estuviera aterrorizada y se mantuviera sumisa.[43]

En algunos lugares, la ira de la comunidad negra y su amargura, ha sido terreno fértil para la toma de represalias contra blancos, y en algunos casos, los blancos respondieron con sentimiento de culpa y un deseo de escapar de la vergüenza del fanatismo ... pero no siempre. A medida que los blancos se sienten cada vez más como víctimas, comienzan a vociferar su propia ira y amargura, y la grieta se ensancha.

• *La presencia del mal*

Yo considero que detrás de los problemas raciales hay algo más que el egoísmo de las personas. Las fuerzas espirituales refuerzan la oscuridad presente en los corazones pecaminosos. El racismo es malo porque degrada a gente creada a la imagen de Dios, y destruye el amor que podemos compartir los unos con los otros. En la misma carta a los creyentes en Éfeso, Pablo explicó que muchas veces peleamos las batallas equivocadas. Nuestra lucha, no es con la gente en realidad, sino con fuerzas espirituales de las tinieblas: "Porque no tenemos lucha contra sangre y carne, sino contra principados, contra potestades, contra los gobernadores de las tinieblas de este siglo, contra huestes espirituales de maldad en las regiones celestes" (Efesios 6:12 RVR 1960).

Es difícil (e innecesario) tratar de identificar la fuente exacta de la maldad. Los factores incluyen lo que la Biblia llama "la carne," que es el deseo natural humano de hacer lo que desea y perseguir sus propios objetivos; "el mundo," que es la manifestación a nivel agregado de la carne en nuestra cultura, incluyendo las presiones,

---

43 "Lynching in America," Bryan Stevenson, Equal Justice Initiative, *https://eji. org/reports/lynching-in-america/*

las demandas y las instituciones que generan un ámbito propicio para el egoísmo; y "el diablo," el ser espiritual y su ejército dedicado a tentar, engañar y acusar, con el objetivo de distraernos del buen camino de Dios y de destruir nuestros esfuerzos de seguirle. No quiero dramatizar las fuerzas espirituales del mal, pero tampoco quiero minimizarlas. Cuando vemos hombres y mujeres, sin importar el color, que desprecian a quienes no son como ellos, estoy convencido que estos tres factores están involucrados. No necesitas creer en la Biblia para notar que hay maldad en el mundo. Es evidente para todos.

Estos son algunos de los ladrillos que conforman la pared de la división racial en los Estados Unidos. Puede haber más, pero éstos son suficientes para mantenernos separados, para que pensemos lo peor del otro y para que sigamos construyendo el muro. Pero hay otra manera.

Puntos de partida

No sé si reír o llorar cuando escucho a gente bien intencionada decir: "¡Este tiroteo (o cualquiera sea el suceso del momento) va a ser el punto de quiebre en las relaciones raciales en los Estados Unidos!". Es cierto que un momento puede ser un punto de partida, o nos puede alejar incluso un poco más, pero la división racial está entrelazada en el tejido de los Estados Unidos. Será necesario mucho trabajo y mucho corazón para ver cambios sustanciales. Permíteme delinear algunos pasos para quitar algunos ladrillos del muro.

- *Humíllate*

Bob Pierce, fundador de World Vision y Samaritan´s Purse, era un hombre muy compasivo. Él resumió el anhelo de su corazón diciendo: "Que mi corazón se quebrante por las cosas que quebrantan el corazón de Dios". Me temo que muchos de nosotros compartimos una visión muy errada de lo que es la humildad. No es pensar menos de uno mismo, reprender nuestro carácter y rebajar nuestros talentos. Es estar tan seguros de nosotros mismos que no estemos a la defensiva, ni demasiado pendientes de agradar a la gente, ni temerosos de asumir riesgos. Este rasgo excepcional nos da la habilidad de escuchar en lugar de insistir en ser oídos.

La tensión racial siempre se trata de poder o de la falta del mismo: poder financiero, poder político y poder personal. Pero el poder de Dios sólo opera cuando la gente es humilde. El apóstol Pedro no era famoso por su espíritu humilde. Como vocero de los doce discípulos, era impetuoso y seguro de sí mismo ... hasta su fracaso colosal al no ser capaz de reconocer que conocía a Jesús cuando la mujer le preguntó. Pedro experimentó una vergüenza desgarradora, pero Jesús lo perdonó con su gracia y restauró su sentido de propósito. En la primera carta a los creyentes en el Imperio Romano, Pedro demostró que había aprendido la lección más importante. Escribió:

Igualmente, jóvenes, estad sujetos a los ancianos; y todos, sumisos unos a otros, revestíos de humildad; porque:

"Dios resiste a los soberbios,

Y da gracia a los humildes".

Humillaos, pues, bajo la poderosa mano de Dios, para que él os exalte cuando fuere tiempo;

echando toda vuestra ansiedad sobre él, porque él tiene cuidado de vosotros. (1 Pedro 5:5-7 RVR 1960).

La gente orgullosa es defensiva y desafiante, o puede ser frágil y demandante, pero la gente humilde tiene suficiente fortaleza interna para acercarse y abrazar a la gente que no es como ellos y que no pueden dar nada a cambio. Saben cómo amar.

No podemos fabricar un corazón humilde. Debe ser creado en nosotros por medio de una experiencia genuina de la gracia de Dios. Si creemos que nuestra bondad nos gana puntos delante de Dios, siempre miraremos hacia abajo a la gente que consideramos que no es tan buena como nosotros. Ese es el problema para mucha gente, incluidos muchos en la iglesia: no importa cuántos sermones hayan escuchado o cuántas canciones hayan cantado, siguen creyéndose mejores que otros.

La gracia florece cuando estamos rotos, quebrantados por nuestro fracaso, como Pedro. Jesús no vio desde el cielo y pensó: "Esa gente es bastante buena, los voy a aceptar, pero a aquellos otros no". No, Pablo deja claro en su carta a los Romanos que Jesús no vino a afirmar a la gente buena; vino a salvar a los perdidos. Éramos "débiles," "impíos," "pecadores," y "enemigos" de Dios (Romanos 5:6-10). Jesús se hizo vulnerable para que nosotros pudiéramos alcanzar su amor. Se vació a Sí mismo para que nosotros pudiéramos ser llenos de su bondad. Extendió sus brazos y fue clavado en una cruz para poder aceptarnos como propios. Si esta maravillosa verdad ha echado, aunque sea una pequeña raíz en nuestros corazones, revolucionará nuestras vidas. Seremos más seguros, más honestos y más compasivos; y desearemos mostrar el amor de Jesús a la gente que está quebrantada de corazón, desafiante, desanimada y desesperadamente necesitada del amor de Dios.

- *Sé Intencional*

La reconciliación racial (o por lo menos los pasos necesarios para acercarnos a ella) requiere de intencionalidad. Debemos romper el molde de nuestra conducta usual y hacer lo que sea necesario para conectar con gente de otras razas. Hemos visto que los judíos y los samaritanos se odiaban mutuamente. De hecho, los judíos alargaban significativamente sus viajes para evitar pasar por Samaria, pero Jesús demostró un punto al viajar a través de Samaria. Él pudo haber tomado el desvío, y sus discípulos seguramente esperaban que lo hiciera, como cualquier judío respetable lo haría. La gente de Samaria también esperaba que Jesús no pasara por ahí. Pero Él no.

Él y sus discípulos fueron a una ciudad llamada Sicar. A mediodía, una mujer fue al pozo a sacar agua para el día, pero esto era algo extraño. Las mujeres solían ir por la mañana. ¿Por qué no habrá ido ella con las demás? Porque era una marginada de los marginados, pero Jesús fue intencional en tratar de conectar con ella.

Jesús envió a sus discípulos al pueblo a comprar el almuerzo. (Alguien comentó que envió 12 adultos a comprar comida para 13). Después de que se fueron, no esperó a que ella dijera algo. Él preguntó: "¿Me darías de beber?". Ella estaba sorprendida. Era inaudito que un judío tomara la iniciativa de hablar a una mujer samaritana. La Biblia nos permite espiar lo que fue su conversación. En un momento ella está ansiosa de escuchar y recibir el "agua viva" y luego se muestra avergonzada de reconocer la verdad sobre su vida sexual, pero a través de todo, Jesús le dio certeza de su amor. Ella respondió con fe y fue al pueblo a contar a todos los que quisieran escuchar acerca del Salvador que era capaz de amarla … incluso a ella.

Cuando comenzamos nuestra iglesia no esperamos a que la gente de color se nos acercara. Fuimos a su mundo. Fuimos intencionales en contratar gente que representara la mezcla de razas que creíamos que Dios quería en nuestra iglesia. Fuimos intencionales en seleccionar miembros de nuestra junta porque Colleen y yo queríamos demostrar que nos podíamos someter a un líder de raza negra. También fuimos intencionales acerca de la mezcla de rostros en nuestra plataforma, cada domingo. Cuando veo una iglesia que sólo tiene un color en la plataforma, supongo que no se dieron cuenta de su error y que han perdido oportunidades de superar las divisiones raciales. Pero si fuese intencional, excluir (o minimizar) otras razas adrede, es racismo.

La tolerancia no es lo mismo que la reconciliación, y la amabilidad social no es lo mismo que amor genuino. A nivel personal, necesitamos ser intencionales acerca de reunirnos y conectarnos de manera significativa con gente de otras razas y culturas. Podemos tomar la decisión consciente de caminar hacia una persona de otro color para presentarnos. Tal vez, solo tal vez, encontremos que tenemos algo en común e iniciemos una amistad. Pero aún si tenemos muy poco en común, podemos ser como Jesús y pasar por alto nuestras diferencias para poder tener una relación con la persona. ¡Tal vez hasta aprendamos algo nuevo!

Ser intencional tiene muchas caras. Hace muchos años en Richmond, Colleen y yo fuimos intencionales en invitar a gente a almorzar con nosotros después de la iglesia. Tuvimos muchos almuerzos maravillosos e hicimos muchos grandes amigos. Cuando Colleen y yo nos mudamos a nuestra casa hace 20 años, un 85% de la gente del vecindario era blanca. A medida que más minorías se mudaban al vecindario, muchos blancos se mudaban hacia otro lugar, pero nosotros nos quedamos. Cuando veíamos un camión de mudanza frente a una casa, y especialmente si notábamos que la familia entrante era de color, nos acercábamos para presentarnos y darle la bienvenida al vecindario. No queríamos que se preguntaran "¿qué pensarán esas familias blancas de nosotros?". Queríamos erradicar cualquier sospecha desde un principio.

Para ser honesto, nuestra decisión de quedarnos probablemente haya tenido un costo financiero. El valor de nuestra casa puede no ser el que era hace unos años, pero es un precio que Colleen y yo estamos dispuestos a pagar para permanecer en un vecindario racialmente mixto. No es que los negros, hispanos o asiáticos no mantengan sus jardines tan bonitos como la gente blanca —es más, a menudo es todo lo contrario— sino que el crudo valor inmobiliario no respeta las expresiones de amor.

- *Adopta una cultura de Reino*

Jesús le dijo a Pilato: "Mi reino no es de este mundo" (Juan 18:36 RVR 1960). A cada momento del día, tenemos la decisión de dónde vivir: en la cultura del mundo o en la cultura de Reino de Jesús. La cultura del mundo está enfocada en el poder, en los privilegios, en las posesiones y el prestigio, pero el reino de Cristo es lo opuesto: servimos, nos entregamos, amamos y honramos a otros más que a nosotros mismos. Cristo es nuestro Salvador, nuestro ejemplo, y nuestro Rey. Respondemos a su amor amándole a Él y amando a quienes Él ama, es decir, a todos.

A medida que cambiamos nuestra agenda de una cultura mundana a una cultura de Reino, veremos a la gente a través de un lente distinto. Así como Jesús con la samaritana y Pablo con los gentiles, miraremos más allá de las cosas superficiales como el color de piel o el país de origen, y amaremos sin límites. Pablo le recordó a los Colosenses: "donde no hay griego ni judío, circuncisión ni incircuncisión, bárbaro ni escita, siervo ni libre, sino que Cristo es el todo, y en todos" (Colosenses 3:11 RVR 1960).

¿Cómo sabemos que realmente estamos progresando? Lo notaremos cuando veamos que recibimos a gente de distintas razas en nuestra casa, jugamos con sus hijos, escuchamos sus historias y conectamos con lo que hay en sus corazones. Puede que tome un tiempo derribar los muros —propios y ajenos—, pero es allí donde los persistentes problemas de división racial en nuestro país comienzan a sanar, amando a una persona a la vez.

¿Puedes decir que tienes amigos de otras razas que son muy apreciados por ti? ¿Tienes gente así a quienes llames a las 3 de la mañana cuando tienes algún problema? ¿Los invitas a celebrar un cumpleaños, un aniversario o cualquier otra ocasión?

Hace no mucho tiempo, Colleen y yo estábamos en nuestra casa de la playa en Florida y una familia de raza negra —padres y seis niños— habían alquilado una casa cerca de la nuestra. La hilera completa de casas pertenecía, casi en su totalidad, a gente blanca. Mientras veía a la familia de color jugando en la playa, me podía imaginar las conversaciones en las casas de los blancos mientras los veían.

Hace no mucho tiempo, una pareja blanca de Mississippi compró una casa de playa cerca de la nuestra. Un día vi cómo la mujer caminaba con sus perros hacia la familia de raza negra. Se detuvo a conversar con ellos y permitió que los niños jugaran con sus perros. Minutos más tarde, la vi regresar a su casa. Tomó dos kayaks y una tabla y se los acercó para que se divirtieran. Estoy seguro de que esta familia estaba sorprendida, por lo menos en el momento, de esta mujer sureña que les ofrecía todo esto sin siquiera conocerlos.

Más tarde, le hablé acerca de lo que había visto. Su nombre es Bobbie Sue, y es tan sureña como su nombre. Su amabilidad intencional destrozó el estereotipo de gente blanca de Mississippi. Ella fue artífice de un hermoso tiempo que esa familia pudo disfrutar en el agua y removió uno o dos ladrillos de la pared que nos separa racialmente.

En otro momento, Colleen y yo estábamos en nuestra casa en Florida, y había otra familia de raza negra alquilando la casa contigua. Los padres y sus hijos estaban tratando de pescar detrás de nuestra casa, pero no estaban teniendo suerte. Yo salí y les indiqué qué debían usar como carnada y me lo agradecieron. Momentos más tarde, cuando estaba andando en mi bicicleta pasé frente a una tienda donde vendían carnada, y sentí que el Señor me decía que comprara carnada para la familia. Cuando regresé, les di dos envases de carnada. Más tarde esa noche, los vi y les pregunté si habían atrapado algo. Una de las mujeres del grupo me miró con emoción. ¡Me dijo que habían atrapado más de 100 peces ese día! Algo ocurrió en ese momento entre esa familia y yo; fue algo hermoso que nunca olvidaré. Tuve el privilegio de darle a esa familia de raza negra una experiencia diferente con gente blanca, y creamos un lazo instantáneo y auténtico. Desde ese momento, hemos sido como familia, ¡y cuánto pescado he comido!

A menudo me pregunto cómo se vería el mundo si más gente adoptara la cultura de Reino y brindara a la gente la experiencia de ser honrada y amada.

Para pensar

¿Por qué son tan atractivas las soluciones simples a las relaciones raciales? ¿Por qué no funcionan?

¿Cuáles son algunas formas prácticas de reducir el nivel de desconfianza entre razas?

¿Cómo definirías y describirías la "idolatría cultural"? ¿Cómo ves que afecta a la gente? ¿Cómo te afecta a ti?

¿Cómo es la experiencia de la gracia esencial para desarrollar un corazón humilde? ¿Qué podemos asumir acerca de la gente que no es humilde?

¿Qué cosa puedes hacer intencionalmente en las próximas 24 horas para conectar con alguien de otra raza?

Capítulo 9

Levántate, habla

Un hombre muere cuando se rehúsa a levantarse por lo correcto. Un hombre muere cuando se rehúsa a levantarse en favor de la justicia. Un hombre muere cuando se rehúsa a levantarse por la verdad. —Martin Luther King, Jr.

Un amigo que vive en el Sur Profundo se ha movido en el espectro hacia la inclusión y se ha vuelto un promotor de la reconciliación, pero ha tenido que pagar un precio. Él dirige un grupo de hombres en su iglesia, y cuando se discutió acerca de las manifestaciones y luchas justo después de Charlottesville, notaron que él no se unía a ellos en su ira contra quienes solicitaban que se removieran los monumentos Confederados. Uno de los hombres le preguntó: "Richard, ¿no estás enfadado? ¿No te molesta que Antifa haya copado la manifestación y esté incitando a la violencia?".

Con todos los ojos puestos sobre él, Richard respondió: "Estoy enfadado y molesto, pero no con Antifa. Estoy de acuerdo en que no están ayudando, pero creo que los manifestantes tienen todo el derecho de pedir que los monumentos de los generales confederados sean removidos. Estoy mucho más molesto con los supremacistas blancos que utilizan el emblema Nazi y símbolos del Klan".

Varios hombres levantaron la voz al mismo tiempo y dijeron: "¿Cómo puedes decir eso?". "¿No crees que el Sur tenía el derecho a la secesión?". "¡Esos generales eran buenos cristianos, a diferencia de los generales del Norte!". "¡Estás negando nuestra historia y destruyendo nuestro legado!".

Richard los dejó hablar y luego dijo: "Déjenme preguntarles algo: ¿Creen que la esclavitud es moralmente buena o mala?".

Uno de los hombres respondió rápidamente: "Debes entender los tiempos. La esclavitud era aceptada, era normal, y la iglesia la defendía. Casi nadie en el Sur pensaba que estuviera mal".

"Pero ¿qué piensas tú?" insistió Richard.

El hombre contestó: "Considero que era perfectamente aceptable en ese tiempo".

Los hombres del grupo nunca volvieron a ver a Richard de la misma manera. Desde ese día, algunos pensaban que estaba equivocado, y otros lo consideraban un traidor a su sagrada herencia. La defensa de la Causa Perdida en el Sur sigue viva y activa en las iglesias blancas. Muchos todavía se resisten a quitar las capas de justificación que han colocado sobre la maldad de la esclavitud, y no se atreven a verla como lo que es. De igual manera, no se atreven a mirar con detenimiento el asunto de la discriminación que fue institucionalizada durante más de un siglo posterior a la Guerra Civil y cuyos efectos aún persisten. Algunos están dispuestos a admitir que la esclavitud estaba mal, pero insisten: "Es historia antigua, y no tiene ninguna injerencia en las relaciones raciales en la actualidad".

Chispas

Levantarse en favor de la verdad y la justicia inevitablemente generará chispazos. Jesús no escatimó palabras acerca del costo de seguirlo: "Si alguno viene a mí, y no aborrece a su padre, y madre, y mujer, e hijos, y hermanos, y hermanas, y aun también su propia vida, no puede ser mi discípulo". Yo creo que Jesús no desea que nosotros literalmente aborrezcamos a nadie. El concepto de "aborrecer" en este contexto hace referencia a la preferencia. Estaba diciendo: "Si tú valoras la opinión de otras personas por sobre la mía, si vives para complacer a otros más que a mí, si estás dispuesto a cambiar para encajar con gente que está en desacuerdo contigo antes que a levantarte por lo que es justo, entonces perteneces al reino de este mundo, no al mío".

La apatía de los blancos y la disposición a justificar la maldad, entendiblemente destruyen la confianza y enardecen a la gente de raza negra. Yo lo entiendo porque yo era uno de esos blancos. Antes de que Dios abriera mis ojos a la necesidad de la reconciliación racial, pasaba frente a las estatuas confederadas y ni pensaba en ello. Pero cuando me di cuenta de que esos soldados habían luchado para proteger el derecho de los sureños de poseer seres humanos para su beneficio personal, mi corazón cambió. ¿Por qué habría de sentirme cómodo con celebrar a líderes que mataron a otros estadounidenses por el derecho de ser dueños de personas? ¿Existe algo más inhumano? ¿Existe algo menos bíblico? ¿Es éste el pasado que queremos honrar? Estoy seguro de que recibiré algunos correos al respecto de este comentario, pero ¿cómo crees que los judíos se sentirían si vieran monumentos de Hitler o Himmler repartidos por toda Europa? ¡Estarían enardecidos! Y estarían desconcertados de que alguien considerara que es una buena idea tener esos monumentos. Sólo los neo-nazis defienden la brutalidad y crueldad de la Alemania de Hitler. Sí, el Holocausto es parte de su historia, pero no de la historia que atesoran y valoran, sino de su historia vergonzosa.

No es suficiente

Claramente, no hemos avanzado tanto como algunos piensan en materia de relaciones raciales. Podemos esperar que regrese la calma luego del próximo ciclo de protestas por otro asesinato de un joven negro a manos de un policía, y podemos anhelar que eso no ocurra en nuestro vecindario, pero la apatía y la ignorancia intencional no alcanzan, especialmente para quienes dicen haber sido transformados por el amor sacrificial de Jesús.

No es suficiente con que la gente de color se ponga de pie y se queje. Deben tener mucho de qué quejarse, pero si lo único que hacen es quejarse, se quedarán sin voz porque los blancos no los están escuchando. Y tampoco es suficiente que la gente blanca se lamente y se sienta culpable. (Para ser claros: es mejor que los blancos se sientan culpables a que respondan con ira, pero no es lo mismo sentirse culpable que amar e incluir).

Las protestas recientes, con motivo de la muerte de George Floyd, incluyeron cientos de ciudades y pueblos a lo largo del país, y en algunos lugares ocurrieron alborotos y saqueos. La gente de color y los blancos con conciencia están pidiendo un cambio, pero a menudo, los negros consideran que los blancos que los apoyan no están suficientemente comprometidos —las buenas intenciones no son lo mismo que una comprensión genuina y un apoyo concreto—. Chad Sanders es un escritor negro que recibió decenas de mensajes y correos de sus amigos blancos durante la cobertura de los recientes disturbios. Esta fue su observación:

La gente blanca me está contactando a mí y a otros como yo, para aliviar su propia culpa y demostrarme que son distintos del oficial Derek Chauvin, quien mató a George Floyd en Minneapolis, y Amy Cooper, quien trató de utilizar el hecho de ser blanca como un arma al llamar a la policía contra Christian

Cooper, un avistador de aves en Central Park. En el proceso, la gente negra está siendo pisoteada. Mucha gente blanca que conozco, está rebosando de culpa y de intentos de ofrecer su simpatía. Los he estado evitando como he podido.

Sanders dice que los contactos para ofrecer sus condolencias o su simpatía de sus amigos blancos simplemente muestran que todavía no lo entienden. No entienden la amplitud y la profundidad del problema que los negros enfrentan en un mundo de blancos. Concluye:

> "Como hombre negro, lo que siento en este momento es temor a la muerte; el temor de que cuando salga a pasear por la mañana en Central Park o a un local de 7-Eleven a tomar té helado, pueda no regresar a casa ... Pero no es que el miedo aparezca ante las noticias virales del asesinato de gente negra como George Floyd, Breonna Taylor y Trayvon Martin. Es un zumbido permanente, presente en cada momento de mi vida"[44].

Mucha gente blanca está enardecida con la violencia y los saqueos que ocurren en conjunción con las protestas legítimas. Se preguntan: *"¿Por qué destruyen sus propios negocios y vecindarios?"*. Martin Luther King, Jr. nos da la respuesta: "Un disturbio es el lenguaje de los desoídos". Esta observación no condona los disturbios, ni los excusa, pero sí nos ayuda a entender lo poderoso de las emociones que los impulsan.

---

44 "I Don't Need 'Love' Texts from My White Friends," Chad Sanders, *New York Times*, Junio 5, 2020, https://www.nytimes.com/2020/06/05/opinion/whites-anti- blackness-protests. html?action=click&module=Opinion&pgtype=Homepage

Un escalón más arriba y un escalón más abajo

Últimamente, todo se trata acerca de nuestra sensación de poder. Muchos blancos tienen un sentido de superioridad racial profundamente arraigado. Es tan profundo que es instintivo, y ni siquiera lo piensan. Es un supuesto fundamental en lo profundo de sus corazones. Los blancos han estado "un escalón más arriba" en los Estados Unidos durante casi 400 años y resisten cualquier intento de removerlos de su posición de poder, que es exactamente lo que muchos creen que está ocurriendo. Les atrae la promesa de "Hacer que los Estados Unidos vuelvan a ser grandiosos" porque les parece una promesa de restaurarlos a una posición de poder y superioridad. Esto, por supuesto, es particularmente cierto para la gente blanca mayor que creció durante el tiempo en que la segregación de Jim Crow fue gradualmente reemplazada con nuevas leyes que protegían los derechos de todas las personas.

Por su parte, en la comunidad negra, la inferioridad está igualmente arraigada. Durante generaciones ellos han sido los que están "un escalón por debajo". Los padres negros tienen que enseñarles a sus hijos cómo deben actuar cuando son detenidos por la policía, tienen que esforzarse más para obtener una buena educación, muchas veces tienen que tener mejor historial crediticio que un blanco para comprar la misma casa, muchas veces son pasados por alto a la hora de los ascensos en el trabajo, y tienen menos oportunidades en casi cualquier aspecto de sus vidas.[45] Ellos ven "Hacer que los Estados Unidos vuelvan a ser grandiosos" como volver a ubicarlos en su posición de inferioridad y sumisión.

---

45 "On Views of Race and Inequality, Blacks and Whites are Worlds Apart," Pew Research Center, Junio 27, 2016, *https://www.pewsocialtrends.org/2016/06/27/ on-views-of-race-and-inequality-blacks-and-whites-are-worlds-apart/*

Como hemos visto en capítulos anteriores, su apreciación no está basada en percepciones o supuestos; son hechos basados en investigación incuestionable. No lograremos avances significativos en las relaciones raciales hasta que haya mayor equilibrio de poder. Eso significa que los orgullosos necesitan humillarse, y los oprimidos deben encontrar dignidad. Corregir este tipo de situaciones siempre genera incomodidad en la gente, y las reacciones suelen ser, o bien defensivas, o demandantes, o ambas a la vez.

Cuando nos levantamos y alzamos nuestra voz a favor de la reconciliación racial, evitamos los clichés del odio. No aprobamos ni condenamos sin miramientos. Por el contrario, observamos más allá de la retórica inflamatoria para poder ver lo que está ocurriendo en los corazones de las personas. Nos acercamos a la gente de color que está enojada para poder entender la profundidad de su desesperación. Nos acercamos a la gente blanca enojada, para poder entender la fuente de su inseguridad. Nos acercamos hacia los que están indecisos para animarlos a encontrar la valentía para asumir una posición en favor de lo correcto. Por cada paso que damos en este sentido, debemos pagar un precio. Si somos blancos, otros blancos pensarán que nos hemos vuelto liberales y que renegamos de nuestra herencia. Si somos negros, otros negros pensarán que no somos suficientemente militantes y que nos hemos vuelto cómplices de las estructuras de poder de los blancos. Siempre que nos levantemos, nos tratarán de voltear de un cachetazo. La pregunta es: ¿Vale la pena?

Gracia y verdad

En algunos ámbitos, levantarse en favor de los derechos de otros es como ondear una bandera roja frente a un toro —la reacción está garantizada—. Si estás tratando de que un familiar o un amigo se mueva una posición en el espectro hacia la inclusión, permíteme darte algunos consejos prácticos:

• *Haz preguntas y escucha.*

Cuando alguien ataca verbalmente y devolvemos el ataque, estamos haciendo que la pelea escale, no estamos buscando llegar a un entendimiento. Es impresionante cómo la gente se calma y se conecta contigo cuando preguntas: "¿Me podrías comentar un poco más acerca de cómo desarrollaste esta postura? Me gustaría entenderte". No saltes inmediatamente para corregir y desafiar. Sólo pregunta y escucha con detenimiento. Una forma de saber si lo estás haciendo bien es la siguiente: si no estás haciendo preguntas adicionales, es que no estás escuchando con suficiente atención. Ya sé que ya lo he dicho antes, pero ameritaba recordarlo en esta sección.

• *Cuando desafíes una postura, preséntalo como una cuestión de relación.*

Por ejemplo, si estás hablando acerca de las estatuas de los soldados confederados, puedes preguntar: "¿cómo te sentirías si fueras una persona negra parada frente a una estatua del General Lee, Stonewall Jackson o Nathan Bedford Forrest?". O tal vez: "¿Cómo crees que podría responder si me encontrara frente a una de estas estatuas junto a una persona negra que me preguntara: "¿Crees que es correcto honrar a los hombres que defendieron el derecho a ser propietarios de mis tatarabuelos?". O "¿Cuándo han sido los Estados Unidos grandiosos para los negros?". "¿Cómo los convencerías de que ese lema debería ser atractivo para ellos?". "¿Recuerdas algún tiempo en nuestra historia donde los negros hayan sido tratados con respeto, con igualdad de oportunidades o donde no haya habido reclamos de injusticia e inequidad? ¿Cuándo han sido arrestados en proporciones acordes a la población? ¿Cuándo han tenido colegios que se destaquen? Cuéntame de este tiempo". Este tipo de preguntas hace énfasis en el punto que quieres comunicar, pero generan más empatía que esgrimir el argumento como un contrapunto.

- *Encuentra cosas en común.*

Si escuchas suficiente tiempo, y si tu paciencia logra convencer a la otra persona de que entiendes, es apropiado decir: "Permíteme comentarte mi punto de vista. Puede que no estés de acuerdo con todo lo que yo creo, pero creo que podemos estar de acuerdo en varios puntos". No te apresures. No es un programa de TV de 30 minutos que tiene que tener un cierre completo en ese período de tiempo. Ni siquiera es importante que expreses todo tu pensamiento. Si hay comprensión y respeto, siempre podrás continuar la conversación más adelante y progresar un poco más. En mi experiencia, cambiar una convicción tan profunda, toma muchas conversaciones y muchas experiencias. Sé paciente, sé amable y ten presente que estás pidiendo que la persona supere años de creencias y hábitos. Si comienzas con aquellos puntos en los cuales estás de acuerdo, tienes mejores posibilidades de progresar hacia conversaciones abiertas y honestas.

- *En un determinado momento, debes decir: "hasta aquí llegué".*

Alguna gente rehúsa siquiera considerar otro punto de vista. Todos conocemos gente así. Son dogmáticos y demandantes. Están seguros de estar en lo correcto, y, no importa lo que hagas, no les harás cambiar de parecer. En un cierto momento, es necio continuar intentándolo. Cuando has hecho tu mejor esfuerzo y ves que no se te abre un resquicio para acordar, debes dejar de intentarlo. Hay dos versículos en Proverbios que parecen contradictorios pero que nos dan una perspectiva interesante acerca de cómo responder a la gente obstinada:

No respondas al necio según su necedad,
o tú mismo pasarás por necio.
Respóndele al necio como se merece,
para que no se tenga por sabio (Proverbios 26:4-5, NVI).

Hay veces en que refutamos a un necio clara y precisamente, pero si lo hemos intentado una y otra vez y no hemos logrado un cambio, y lo seguimos intentando, ahora los necios pareceremos nosotros. Cuando vemos la vida de Jesús, lo vemos persiguiendo activamente a la gente como la mujer Samaritana que se encontró con Él en el pozo, como Zaqueo, y muchos otros, pero también vemos que estaba dispuesto a permitir que la gente se fuera si lo deseaba. El joven rico se acercó a Jesús y le preguntó qué se necesitaba para heredar la vida eterna. Jesús vio su corazón y habló directamente al verdadero problema que había en su corazón, aquello que el hombre no estaba dispuesto a resignar: su dinero. Cuando el hombre se fue caminando, Jesús no lo persiguió. Respetó el derecho del hombre de tomar su propia decisión y vivir con las consecuencias. Del mismo modo, he hablado con gente blanca obstinada y gente de color enojada, y aunque he hecho mi mejor esfuerzo para acercarlos a la reconciliación, he fallado. He hecho preguntas pacientemente, he tratado de personalizar mis percepciones y he escuchado atentamente, pero cuando expuse un poco mis convicciones, se pusieron furiosos. Inmediatamente me di cuenta de que la conversación no estaba yendo en la dirección correcta. Cuando se fueron, lo lamenté —por ellos, por sus familias, y por la gente con la que tratan a diario—, pero no les impuse mis convicciones para tratar de forzarlos a que acuerden conmigo.

Hace no mucho tiempo, tuve conversaciones separadas con una joven madre y sus padres. Ellos no estaban de acuerdo en cuestiones políticas de los Estados Unidos. Los padres me dijeron: "¡No podemos hablar con ella! ¡Es irracional! ¡No podemos entender cómo es que cree lo que cree!". Y las palabras de la joven fueran prácticamente las mismas: "¡No se puede hablar con ellos! ¡Cómo pueden votar por alguien así! ¿Por qué no entran en razón?". Yo les recomendé que se tomaran un tiempo para relajarse y que por un buen tiempo no hablaran de cuestiones políticas.

- *No te sorprendas.*

Cuando he tratado de tener conversaciones significativas sobre cuestiones raciales, han sido más los blancos que han sido condescendientes que los que se han mostrado obstinados. Cuando hablé con un pastor al respecto y le compartí lo que estábamos haciendo en Victory para unir a las razas, me sonrió y me dio una palmada en el hombro, diciendo: "Está fantástico, Dennis. ¡Bien por ti! Me alegra mucho que estés haciendo eso. Estoy seguro de que estás ayudando a mucha gente". No hay que ser psicólogo para darse cuenta de que sus palabras eran cordiales pero que en realidad me estaba quitando de en medio. No tenía ningún interés en aprender nada ni en hacer nada en su iglesia para promover la reconciliación. Preferiría que me hubiera mirado a los ojos y me hubiera dicho: "Eso está muy bien para ti, pero no para mí. Nosotros no estamos en eso".

Solía sorprenderme cuando las palabras de las personas no coincidían con sus corazones, pero ya me he acostumbrado. Es una forma de paternalismo en la escala que va de la inclusión al racismo. Es amable, y suele despertar la generosidad para ayudar a proveer para algunas necesidades, pero sigue estando basada en la superioridad racial.

- *Espera otra oportunidad.*

A lo largo de los últimos 30 años he podido ver algunas transformaciones notables. He visto cómo gente de raza negra, amargada y enojada, encontró consuelo en el amor de Jesús y comenzó a amar a los blancos, y he visto blancos arrogantes y prejuiciosos derretirse en humildad y extenderse hacia gente de color con una amabilidad destacable. Ninguno de estos cambios ocurrió en la primera conversación. Si hubiera insistido en lograr el cambio inmediato, no hubiera ocurrido. Hubiera arruinado la oportunidad de que el Espíritu Santo trabaje tan profundamente en sus corazones.

- *Escoge a quién perder.*

Este principio aplica a las relaciones personales cercanas y también a pastores y sus iglesias. Cuando tomamos una posición a favor de la igualdad y la inclusión, algunas personas en nuestras familias y algunos de nuestros amigos no estarán contentos al respecto. Cuando recibimos su reacción, debemos decidir si cederemos y mantendremos la amistad en sus términos o si nos mantendremos firmes en nuestra postura y nos arriesgaremos a perder la relación. Si son familiares, seguramente no perderemos la relación, pero sí la cercanía de la misma. En este punto, ya deja de ser un ejercicio académico. Son gente que amamos, en la cual confiamos, gente que creíamos entender y teníamos la esperanza de que nos entendieran. Es muy duro llegar a la conclusión de que nuestros puntos de vista en materia racial puedan crear una grieta en nuestras relaciones, pero es así.

He hablado con pastores que han tenido que tomar algunas decisiones difíciles acerca de su posición, sobre todo en vistas de lo politizado que está el ambiente evangélico en los últimos años. Los evangélicos blancos son, en su gran mayoría, republicanos conservadores, y cuando la demografía de las comunidades cambia y la gente de color comienza a mudarse al vecindario y a asistir a la iglesia, los pastores suelen ver un éxodo masivo de blancos. ¿Están dispuestos a perder a los fieles blancos (que a veces representan grandes donaciones) en aras de los recién llegados? ¿O mudan la iglesia a una comunidad cercana que sigue siendo mayoritariamente blanca?

Durante algún tiempo, los pastores en esta situación pueden tratar de manejar la situación con los dos grupos, pero, en algún momento, deben tomar una decisión. Lo deseable es que sea basada en los valores bíblicos y no en la conveniencia económica o cultural. Deben predicar la verdad de la Palabra de Dios, incluso si ofende a la gente que no está cómoda con tener que amar a sus vecinos. La paciencia es una virtud, pero esperar mucho tiempo para tomar una posición en favor de la igualdad no lo es. Si los pastores se rehúsan a apoyar a un determinado candidato, un grupo puede ofenderse. Si, por el contrario, deciden apoyar al candidato, el otro grupo se sentirá decepcionado. Cuando los pastores dilatan decisiones acerca de cuestiones raciales, corren el riesgo de ofender a todos. Las minorías no se sienten bienvenidas, y los blancos se dan cuenta de que su pastor no está tan convencido como creían. De esa manera, los pastores pueden perder aún más gente.

Hablando con un pastor le dije: "No importa lo que hagas, la gente de todos modos deja las iglesias, pero tú puedes escoger a quién deseas perder. Yo predico acerca del diezmo y alguna gente que asiste a mi iglesia se siente algo incómoda por mi énfasis en el tema. ¿Me preocupa la posibilidad de que esa gente se vaya? No mucho. La forma en que la gente maneja su dinero me dice mucho de cómo está su corazón con Dios. Si no están dispuestos a dar generosamente para la obra de Dios, no van a participar en la vida y la misión de la iglesia. Lo mismo ocurre con la raza. Si la gente está incómoda con mis prédicas acerca de la reconciliación racial y el corazón de nuestra iglesia para con todas las personas, estoy seguro de que podrán encontrar una iglesia monocromática donde no se los desafíe a derribar los muros raciales. Si debo perderlos, no tengo problema. Lo que no está bien para mí, es diluir la verdad de la gracia de Dios para cada persona, para poder conservar algunas personas. Me alegra escuchar cuando la gente me dice: "Pastor, honestamente yo todavía no pienso como usted, pero estoy dispuesto a aprender a amar a las personas de otras razas". ¡Eso me emociona! Están en el proceso y desean llegar más lejos. ¡Es un privilegio ayudarles a dar el próximo paso! Yo creo que la iglesia de Dios incluye gente de todas las razas, todas las clases sociales y todas las corrientes políticas. Podemos ser muy distintos, pero tenemos cosas en común, porque estamos a los pies de la cruz de Jesús".

Jesús no siguió los principios de crecimiento de iglesias y tampoco estaba dedicado a construir un gran séquito. En la cúspide de su ministerio, tenía miles de seguidores. Después de haber alimentado a los cinco mil con el almuerzo de un niño, trató de irse con sus discípulos a un retiro, pero la multitud lo siguió; querían que los alimentara de nuevo. En una situación tensa, demandaron más pan, pero Él insistió que se estaban perdiendo el verdadero punto. Dijo: "Yo soy el pan de vida" (Juan 6:48 RVR 1960). Ellos todavía no lo entendían, así que Jesús los sorprendió aún más: "De cierto, de cierto os digo: Si no coméis la carne del Hijo del Hombre, y bebéis su sangre, no tenéis vida en vosotros". No tenían idea de qué estaba hablando. ¿Les estaba diciendo que debían ser caníbales? No, sino que les estaba diciendo que debían verlo como la única verdadera fuente de nutrición espiritual.

No era un mensaje popular. "Al oírlas, muchos de sus discípulos dijeron: Dura es esta palabra; ¿quién la puede oír?". Y casi toda la multitud se dio vuelta y volvió por su camino. Jesús no les rogó que lo siguieran, y tampoco insistió en que sus doce seguidores más cercanos continuaran a su lado. Les preguntó: "¿Queréis acaso iros también vosotros? Le respondió Simón Pedro: Señor, ¿a quién iremos? Tú tienes palabras de vida eterna. Y nosotros hemos creído y conocemos que tú eres el Cristo, el Hijo del Dios viviente" (Juan 6:48-69 RVR 1960).

¿Por qué son tan pocos los cristianos conocidos por su amor por la gente de otras razas? Creo que es simple: aman más a los panes y los peces que a Jesús, no están dispuestos a bajar de su posición de superioridad y Jesús no es la verdadera fuente de su nutrición espiritual. Cuando los individuos son cautivados por el amor de Jesús, hacen lo que Jesús hizo: Se extienden hacia las personas marginadas y las aman en el nombre de Jesús. Cuando las iglesias son cautivadas por el amor de Jesús, se vuelven lugares donde las heridas raciales son sanadas, los orgullosos se vuelven humildes, los avergonzados son valorados, los muros de desconfianza son derribados y cada reunión es un crisol de razas comprometidas a entenderse los unos a los otros y a creer lo mejor del otro.

Jesús estaba dispuesto a perder a todos con tal de que los que permanecieran a su lado nunca dudaran de su postura ni del precio que estaba dispuesto a pagar por una gracia que verdaderamente transforma. De modo tal que, si permanecían a su lado, estarían dispuestos a pagar el mismo precio.

De hecho, de cualquier modo, estamos pagando un precio. Si somos valientes, pagamos el precio al ser ridiculizados por quienes se oponen a nosotros y quienes deciden dejarnos. Si vacilamos y nos equivocamos, pagamos el precio en nuestros propios corazones por haber cedido ante la presión, y fallamos en nuestra tarea de dirigir a la gente hacia el único que estuvo dispuesto a darlo todo por aquellos que éramos sus enemigos

¿Qué precio decidirás pagar?

Para pensar

Si tuvieras padres que se resisten a construir puentes con gente de otras razas, ¿cómo te dirigirías a ellos para ayudarles a tomar pasos hacia la inclusión?

¿De qué manera ayuda el personalizar las preguntas, de modo tal de poner a la persona en una situación imaginaria con alguien con quien no está de acuerdo?

¿Cuándo es momento de retirarse? ¿Has llegado a ese punto con alguien? ¿Cuál es tu próximo paso?

¿Qué significa "escoger a quién perder", a nivel individual y como iglesia?

Describe el precio que pagarás por levantarte y tomar una postura en favor de la reconciliación racial, y el precio que pagarías si no lo hicieras.

Capítulo 10

Tengo un sueño

Yo tengo el sueño de que un día en las coloradas colinas de Georgia los hijos de los ex esclavos y los hijos de los ex propietarios de esclavos serán capaces de sentarse juntos en la mesa de la hermandad...Yo tengo el sueño de que mis cuatro hijos pequeños vivirán un día en una nación donde no serán juzgados por el color de su piel sino por el contenido de su carácter. ¡Tengo un sueño hoy! —Martin Luther King, Jr.

Yo tengo el mismo sueño. Hace algunos años, di una serie de mensajes llamados "La Futura Iglesia". Quise enfocarme en dos dimensiones: lo cercano y lo lejano. Lo que los hijos de Dios podemos lograr ser en nuestras vidas y lo que es una promesa de lo que los hijos de Dios seremos en la *palingenesia,* cuando todas las cosas sean nuevas, según describen las Escrituras en numerosos pasajes.

El cambio

Veo un cambio dramático en la cultura estadounidense. La generación más joven, aquellos de menos de 40 años, ven las cosas de una manera muy diferente a los mayores. En un momento, los seguidores de Juan el Bautista preguntaron a Jesús por qué no seguía algunos de los rituales de la manera que los Fariseos enseñaban. Él les respondió con una parábola fácil de entender:

> Nadie pone remiendo de paño nuevo en vestido viejo;
> porque tal remiendo tira del vestido, y se hace peor la
> rotura. Ni echan vino nuevo en odres viejos; de otra
> manera los odres se rompen, y el vino se derrama,
> y los odres se pierden; pero echan el vino nuevo en
> odres nuevos, y lo uno y lo otro se conservan junta-
> mente (Mateo 9:16-17 RVR 1960).

Jesús estaba introduciendo una nueva era de valores del reino, propósitos del reino, y elecciones del reino. Me imagino que no muchos de quienes están leyendo este libro tendrán odres en su casa, así que lo explicaré un poco. Cuando el vino fermenta, se expande. Por esta razón, el vino nuevo requiere odres nuevos que sean suficientemente flexibles para expandirse durante la fermentación. Los odres viejos son menos elásticos y no podrían soportar la presión del proceso de fermentación. Los odres viejos representaban las enseñanzas de los fariseos y su conducta: superioridad y exclusión, y comparación y rechazo de cualquiera que no alcanzara los exigentes estándares externos. Pero Jesús estaba trayendo el vino nuevo de la gracia, el amor y la inclusión. Y así como hoy, cuando el amor expande el corazón de las personas, las viajes maneras no logran soportarlo. El legalismo (obtención de la aprobación por el cumplimiento de normas) o el moralismo (obtención de la aprobación por ser bueno) son el opuesto del regalo gratuito de la maravillosa gracia. Como vimos anteriormente, Pablo lo explicó así: "De modo que si alguno está en Cristo, nueva criatura es; las cosas viejas pasaron; he aquí todas son hechas nuevas" (2 Corintios 5:17).

Mientras meditaba en estos pasajes y en el futuro de la iglesia, me preguntaba: *¿Seré un odre viejo que trata de aferrarse a las* *formas tradicionales que no han sido efectivas, o seré un odre nuevo, ansioso de que Dios fermente su amor en mi corazón y me utilice para nutrir a otros?* Los fariseos tuvieron la misma elección, y se esforzaron por mantenerse en su viejo patrón. De hecho, tenían tanto temor y odio hacia lo nuevo que mataron a quien había sido enviado a traerlo. Hoy, muchos blancos en la iglesia dicen: "No me siento cómodo sentándome en la iglesia a lado de gente que no es como yo. No me gustan estas protestas. Si sólo se calmaran y fueran responsables, todo saldría bien". La gente de color en las iglesias está diciendo: "Las formas viejas oprimían a gente como nosotros. Pareciera que lo máximo que puedes hacer es sentir lástima por nosotros, pero eso no es igualdad. SOY UN HOMBRE, SOY UNA MUJER. Soy alguien. ¿No lo puedes entender?".

Muchos, en la generación más joven, ya lo han entendido. Ya se extienden para aceptarse los unos a los otros. Muchos de ellos dicen: "Yo no valoro a la gente sólo por su raza," y se asombran de las perspectivas negativas de sus padres y abuelos. Creo que la justicia y equidad racial están entre los temas principales en este cambio generacional en los Estados Unidos. Si la iglesia no se pone a tono, perderemos a la generación joven que nos ve como intolerantes blandos —pero intolerantes al fin—.

La gente joven con un trasfondo espiritual fuerte, están particularmente desencantados con lo que ven como una postura defensiva y descorazonada de los cristianos mayores. Escuchan las preocupaciones por los disturbios y los saqueos, y se preguntan: "¿Por qué crees que están tan enojados? ¿No podremos hacer algo?". Están de acuerdo con que, a veces, las protestas se salen de control, pero también se dan cuenta de que lo excesivo de la reacción no invalida la motivación inicial de la protesta.

Cuando vemos el cuadro de lo que será el futuro del pueblo de Dios, vemos tiempos convulsionados, pero también vemos un atisbo de la unidad y el amor que un día serán una verdad para todos los que creemos. Ciertamente, me parece que el futuro se parece mucho más a lo que la gente joven quiere que a lo que la gente mayor tanto le teme.

El futuro cercano

Las cosas se pondrán mucho peores antes de mejorar. Los conflictos serán entre naciones y entre reinos espirituales. Jesús nos lo advirtió: "Se levantará nación contra nación, y reino contra reino". Los cristianos odiarán a otros cristianos, y los odiadores encontrarán predicadores y maestros, que afirmen y amplifiquen su resentimiento. Jesús predijo: "Muchos tropezarán entonces, y se entregarán unos a otros, y unos a otros se aborrecerán. Y muchos falsos profetas se levantarán, y engañarán a muchos; y por haberse multiplicado la maldad, el amor de muchos se enfriará. Mas el que persevere hasta el fin, éste será salvo" (Mateo 24:7,10-13 RVR 1960). Los falsos profetas aparecen en el gobierno, la iglesia, los negocios, los medios y otras instituciones. Su impacto es para dividir, no para unificar; para acelerar el odio y el temor, no para inspirar confianza y esperanza. ¿Vemos algo de eso hoy?

Después de haber estudiado la Biblia y haber visto los eventos durante los últimos años, he concluido que la gente en el mundo continuará siendo divisiva. Su odio les brinda tres cosas que necesitan desesperadamente: una identidad como "los que han sido agraviados," un poderoso sentido de comunidad con otros que también están llenos de resentimiento, y un subidón de adrenalina que los mantiene emocionalmente activos. Continuarán buscando candidatos para afirmar su enojo y apoyarán políticas que les den una ventaja sobre "esa gente".

En medio del resentimiento, el temor y el odio, unos pocos se levantarán y le hablarán a los demás acerca del amor, del perdón y de la aceptación que sólo se encuentra en Jesús. "Y será predicado este evangelio del reino en todo el mundo, para testimonio a todas las naciones; y entonces vendrá el fin" (Mateo 24:14 RVR 1960). Los verdaderos cristianos no quedarán atrapados en el torbellino de emociones explosivas y recriminaciones. Se levantarán y hablarán la verdad en amor para quien quiera escuchar. Los falsos profetas utilizarán la Biblia para guiar a la gente lejos y para promover la hostilidad, pero los verdaderos creyentes señalarán a la gente el camino hacia la gracia transformadora de Dios.

¿Quién soy yo en esta historia? ¿Quién eres tú? Pedro tuvo que ser empujado por Dios para alcanzar a gente fuera de su propia raza y amarlos (Hechos 10), y necesitó un recordatorio de parte de Pablo para impedirle volver hacia atrás a la exclusión (Gálatas 2), pero terminó entendiéndolo. Él escribió a un grupo de personas que eran una mezcla de todas las razas lo siguiente: "Mas vosotros sois linaje escogido, real sacerdocio, nación santa, pueblo adquirido por Dios, para que anunciéis las virtudes de aquel que os llamó de las tinieblas a su luz admirable; vosotros que en otro tiempo no erais pueblo, pero que ahora sois pueblo de Dios; que en otro tiempo no habíais alcanzado misericordia, pero ahora habéis alcanzado misericordia" (1 Pedro 2:9-10 RVR 1960). Cuando confiamos en Jesús como nuestro Señor y Salvador, nos volvemos ciudadanos de la nación de Dios —una nación santa dentro de una nación terrenal—. El resentimiento, el temor y la superioridad en cuestiones raciales son parte de las tinieblas, pero Jesús nos ha llamado "de las tinieblas a su luz admirable" de amor;

un amor que nos acerca a la reconciliación racial. Un cristiano no se mueve con la tendencia cultural; un cristiano va con el evangelio de Jesús, el mensaje del amor sacrificial y con un corazón volcado al cuidado de todos, especialmente de los desvalidos.

Lamentablemente, muy pocos cristianos viven así. En muchos casos, al salir de la reunión dominical, sus vidas no se ven distintas de las de millones de personas que nunca han asistido a una iglesia. Tienen los mismos prejuicios, consumen los mismos programas cáusticos de noticias, y viven con los mismos temores y amarguras que la gente que no conoce a Dios. La popular autora y conferencista Beth Moore observa cómo los líderes cristianos defienden el racismo y las políticas divisivas con una retórica dura: "No digo esto liviana ni precipitadamente, sino con temor y temblor después de mucha consideración. Creo que estamos experimentando un ajuste de cuentas divino en los Estados Unidos. Creo que no tiene que ver sólo con el hecho de que hemos pecado, sino con que hemos usado a Dios y la Biblia para hacerlo"[46].

Jesús no vino a formar un partido político o a instituir alguna forma particular de gobierno. Vino a transformar la sociedad conforme la gente nace de nuevo y aprende a amar a Dios y a sus prójimos —especialmente a quienes no amaban antes—. En nuestro polarizado país, encasillamos a la gente como liberales o conservadores, Demócratas o Republicanos, y si están del otro lado del nuestro, estamos seguros de que son malos o necios … o ambas cosas a la vez. He oído a los conservadores decir: "Si alguien es Demócrata, no puede ser cristiano. Es imposible. Los Demócratas son anti-Dios". Y he oído a los progresistas decir exactamente lo opuesto: "A los Republicanos no les importa la justicia social. Sólo les importa el poder y las riquezas. Eso no es

46 @BethMooreLPM, Twitter, Junio 5, 2020

el evangelio así que no pueden ser cristianos". ¿Podemos dejar de hablar así? No ayuda a nadie. Podemos aprender los unos de los otros, podemos escucharnos lo suficiente como para entender los distintos puntos de vista, y seguramente podemos moderar nuestras posiciones. No estoy diciendo que vayamos a pasarnos de bando, pero entenderemos los puntos que plantea el otro lado, y por lo menos, entenderemos un poco más por qué piensan, sienten y actúan como lo hacen. No los llamaremos necios, ni concluiremos que son malvados. Diremos: "Es un buen punto. Tengo que pensar al respecto y ver cómo cambia mi perspectiva". Siempre me anima escuchar a gente que discute sobre algún tema importante y alguien dice: "Entiendo tu punto". Esas palabras pueden cambiarlo todo.

En el Reino de Cristo, tanto la responsabilidad social como la justicia social son importantes, la adhesión a la ley y la compasión no son incompatibles, y una visión de ir a las misiones puede coexistir con un activismo para remediar la desigualdad.

Tú y yo nos encontramos frente a una bifurcación en el camino. ¿Tomaremos el camino de nuestra cultura, sintiéndonos ofendidos por cualquier cosa y reaccionando como víctimas autocompasivas? ¿O seguiremos a Jesús hacia su reino, viendo a los otros como más importantes que nosotros mismos, hablando la verdad de una manera que puedan escucharla y responder, y alcanzando a los "hermanos menores" que se han alejado de Dios como a los "hermanos mayores" que consideran que todo lo han hecho bien y ven con enojo cuando "alguien se salta la fila"? ¿Utilizaremos las redes sociales para fogonear la desconfianza y el resentimiento o haremos uso de todos los medios posibles para extender la sabiduría, el amor y la paz que Dios ha puesto en nuestros corazones? ¿ Valoraremos sólo a la gente que se ve como nosotros, cocina como nosotros, compra como nosotros, y celebra como nosotros? ¿O nos meteremos en las vidas de todo tipo de personas para hacerles saber que Jesús los ama? ¿Serán nuestras iglesias monocromáticas o serán multicolor y multiculturales, como lo fueron en el primer siglo y como lo serán algún día?

Algún día

Hoy tenemos dificultad para lograr que la gente de las distintas razas y naciones se reconcilie, pero algún día, el color y la raza importarán tanto como la forma de las orejas de una persona. Solemos ver las profecías de Juan en el Apocalipsis para ver "el final de la historia," pero hay muchas otras descripciones de ese tiempo glorioso. Isaías vivió alrededor de siete siglos antes de Cristo y su visión de los últimos tiempos es expansiva e inclusiva. Llegará un día, promete, en que el mal será derrotado y Jesús reinará sin oposición. Ese día, la gente de todas las naciones vendrá ante Él para traerle lo mejor de su industria y de su cosecha. Le llevarán camellos jóvenes y fuertes de Madián, Efa y Sabá. Traerán oro e incienso y las ovejas más finas de las tierras cercanas y lejanas. Las naves navegarán desde tierras lejanas con el oro y la plata más preciosos. Gente que no era parte de los reinos judíos serán partícipes de la construcción de la ciudad de Dios. Y hablando de la nueva ciudad:

> Tus puertas estarán de continuo abiertas;
>> no se cerrarán de día ni de noche,
> para que a ti sean traídas las riquezas de las naciones,
>> y conducidos a ti sus reyes.

¿Qué es lo que motiva una expresión de gratitud tan gozosa? La gente de todas las naciones da "al nombre de Jehová tu Dios, y al Santo de Israel, que te ha glorificado". La seguridad, el amor y el honor quitarán los grilletes de nuestros corazones y nos liberarán para que seamos quienes Dios nos creó para ser —completa y absolutamente maravillosos—. Y nos amaremos los unos a los otros:

Nunca más se oirá en tu tierra violencia,
destrucción ni quebrantamiento en tu territorio,
sino que a tus muros llamarás Salvación,
y a tus puertas Alabanza (Isaías 60:5-7,11,18 RVR 1960).

En el nuevo cielo y la nueva tierra no habrá segregación ni resentimiento entre razas. Todos serán atesorados, todos serán considerados hermosos, y todos serán el deleite de Dios. El proceso del crecimiento cristiano es traer las maravillas del futuro a las circunstancias presentes. Al ver lo que ocurrirá, anhelamos experimentar lo máximo posible de eso, hoy. La fe conforta, pero también impulsa. No siempre es fácil o cómodo confiar en que Dios cumpla su voluntad en la tierra como en el cielo, pero es nuestra función como sus hijos amados.

Por lo menos haz esto

¿Qué puede hacer una persona para corregir la injusticia racial? De seguro, no es nada. Podemos hacer algo más que levantar nuestras manos y quejarnos desesperanzados, diciendo que el sistema está organizado en nuestra contra y que no tenemos el poder de cambiar nada. Sí tenemos poder —el poder de pensar, orar y actuar—.

Cuando estamos en presencia de gente que está haciendo comentarios raciales insensibles, podemos levantar nuestra voz, no para condenar, pero con entendimiento. Podemos decir: "Me preguntó qué te lleva a pensar de esa manera". Luego de alguna otra interacción podemos agregar: "Yo solía pensar así, pero ya no más". Y podemos contar cómo fue que nuestro corazón cambió.

Podemos ser muy cuidadosos con lo que entra en nuestra mente y nuestro corazón. ¿Qué noticias leemos, vemos o escuchamos? ¿Cuál es su línea editorial? (Todos tienen alguna intencionalidad). ¿Cuál es la fuente más centrada y menos explosiva emocionalmente? Y podemos hacer algunos cambios en nuestra elección de nuestra fuente de información para poder ver el argumento de la otra parte.

Podemos dar de nuestro tiempo, nuestra experiencia y nuestras finanzas, para ayudar a los desfavorecidos, que son, en buena medida, gente de color. Casi toda comunidad tiene buenas organizaciones que utilizan el voluntariado para marcar una diferencia. También podemos apoyar el involucramiento de nuestra iglesia en la justicia social y el cuidado de los pobres. Si la iglesia no realiza ningún esfuerzo en ese sentido, podemos ser nosotros quienes comencemos el movimiento.

Podemos hablar con nuestras familias y amigos acerca de lo que estamos aprendiendo acerca de la reconciliación racial. Nuestros hijos seguramente se mostrarán emocionados (y tal vez sorprendidos), y nuestros amigos puede que se sientan sorprendidos (y no muy emocionados). Lee buenos libros al respecto, escucha podcasts, y sigue alimentando tu alma con el evangelio de la gracia.

Podemos desarrollar verdaderas amistades con gente de otras razas. Éste creo que es el punto más importante del libro. Ningún principio ni estadística logrará nada si mantenemos a la gente a la distancia de un brazo extendido. He hablado con mucha gente que me contó que el punto de quiebre ocurrió cuando un vecino se mudó a la casa de al lado, cuando una nueva persona fue contratada en la compañía, y se volvieron amigos. De repente, o con el tiempo, las presunciones negativas fueron desapareciendo, el respeto fue creciendo y una verdadera amistad cambió radicalmente el punto de vista de una persona acerca de las otras razas.

Tú también

Es fácil alimentar nuestras almas con resentimiento. Los medios de comunicación y redes sociales están diseñados para captar nuestra atención con imágenes, sonidos y palabras que aprovechan nuestros temores. Reaccionar con ira nos satisface en el momento —de hecho, ¡se siente tan bien!—, pero envenena nuestros corazones y nos aleja del sendero de Dios. Necesitamos valentía, necesitamos compromiso, necesitamos ánimo, pero sobre todas las cosas, necesitamos experimentar el amor de Jesús tan profundamente en nuestros corazones, que Él pueda cambiarnos desde adentro hacia afuera.

Jesús no suponía cosas acerca de quienes eran muy religiosos. Él se reunió gustoso con Nicodemo, aunque el fariseo temiera ser visto junto a Jesús, por lo cual sólo podían reunirse de noche. En cada lugar donde Jesús iba, había algún líder religioso tratando de hacer preguntas que Jesús no pudiera responder para que se viera como un necio o directamente acusarle de impío porque sanaba gente en el día de reposo. Ellos eran respetados (y hasta temidos) en la comunidad, pero a Jesús no le importaba. Les decía la verdad a ellos, como lo hacía con las prostitutas, con los odiados cobradores de impuestos, los ciegos, cojos, leprosos y enfermos.

He escrito algunas cosas duras en este libro. He dicho que si una persona no ama, es una señal de que puede no ser un cristiano —sin importar el título que tenga en la iglesia, qué tan frecuentemente asista a la misma o con cuánto dinero contribuya—.

No es que esté tratando de ser duro o dramático; simplemente trato de ser tan honesto contigo, como Jesús lo fue con los religiosos en su tiempo. Es posible ser muy religioso y estarse perdiendo el verdadero corazón de Dios. Es posible conocer la Biblia entera pero no ver el mensaje de la gracia. Es posible ser líder de una iglesia y no tener una relación vital con Jesús.

Y, por supuesto, seguramente hay quienes han leído todo el libro y están seguros de que no conocen a Dios. Sólo han leído hasta aquí porque son curiosos. Puede que sean blancos, o que sean gente de color, pero ahora se dan cuenta que, simplemente, no pueden amar de la manera que Jesús ama, a menos que algo cambie en lo profundo de sus almas.

Si has sido religioso y estás involucrado en la iglesia, pero has fallado en tu deber de amar, permíteme sugerirte que te apropies de esta oración:

Señor Jesús, me he estado perdiendo tu corazón. No sé cómo ocurrió, pero ocurrió. Perdóname por seguir con mi vida tanto tiempo sin haber sido tocado por tu amor, tu perdón y tu gracia. Quiero experimentar tu amor de tal manera que rebose de mi vida hacia la vida de otros —especialmente hacia quienes no son como yo—. Humíllame, para que no sea condescendiente con nadie. Detén mi lengua y mis dedos cuando me siento tentado a unirme al coro de auto-compasión y resentimiento. Fortaléceme, para que me levante contra la injusticia. Pon gente en mi camino para que pueda aprender a amarlos como Tú los amas.

Si no has sido religioso, pero sientes que necesitas un Salvador, haz esta oración:

Jesús, me he dado cuenta de cuánto te necesito. He andado por mis caminos y me siento vacío. Me arrepiento de mis pecados y te pido perdón. Te agradezco por morir en mi lugar para pagar la pena por mis pecados. Quiero conocerte y seguirte. Lléname con tu amor y dame el valor para amar a la gente que he considerado que era imposible amar. Háblame cuando abra mi Biblia. Usa a los cristianos a mi alrededor para que me ayuden a crecer en mi fe. Te pertenezco.

Y todos podemos orar:

Jesús, Tú amaste a quienes te odiaban. Tú tuviste compasión por los perdidos, los despreciados, los pasados por alto, los que estaban sufriendo y los que huían de ti. Quebranta mi corazón con aquellas cosas que quebrantan el tuyo —la apatía, la injusticia, la superioridad y todo tipo de maltrato—. Dame el valor y enséñame los pasos claros que puedo tomar para corregir las injusticias a mi alrededor. Dame verdaderos amigos de otras razas.

No importa qué ocurra, no te rindas. Nuestro país ha estado luchando con el racismo por cuatro siglos. Lo hemos defendido, hemos luchado contra él, lo hemos despreciado, lo hemos ignorado, pero sigue aquí. Sigue extendiéndote hacia la gente. Haz lo que puedas. Tu motivación y tu capacidad de amar a "esa gente" no es una decisión política. Viene como resultado del convencimiento acerca de tu propia pobreza y riqueza, que no es financiera sino espiritual. Eras un pecador perdido y sin esperanza, sin ninguna posibilidad de torcer el brazo de Dios para lograr que Él se fijara en ti, pero, en Su incomparable amor, Jesús tomó tu lugar y sufrió por ti, para que puedas recibir las incontables riquezas de Su gracia. No tenías nada. ¡Ahora lo heredas todo! Ahora puedes brindarte de todo corazón a quienes Dios ponga en tu camino. Cada día es una nueva oportunidad de repagar con amor el amor recibido. ¡Hazlo hoy!

Para pensar

¿Estás de acuerdo o no con la siguiente afirmación? "Estamos corriendo el riesgo, como iglesia, de perder a la generación joven por cuestiones como la injusticia racial". Explica tu respuesta.

Jesús predijo que las cosas empeorarían antes de mejorar. ¿Cómo has visto que el resentimiento ofrece a la gente tres cosas que necesitan desesperadamente: una identidad como "los que han sido maltratados"; un poderoso sentido de comunidad con otros que también están llenos de resentimiento; y un subidón de adrenalina que los eleva emocionalmente?

¿Cómo afecta lo maravilloso de lo que ocurrirá cuando Jesús regrese, la manera en que tratamos a la gente hoy?

¿Qué cosa, aunque sea una, te comprometes a cambiar en tu corazón, en tu forma de pensar o en tu actitud hacia la gente de otras razas?

¿Qué oración oraste? ¿Cómo crees que Dios la responderá?

Acerca del autor

Dennis Rouse es el pastor fundador de la iglesia Victory Church que comenzó en el año 1990. En sus más de 30 años como pastores, junto a su esposa Colleen han ayudado a construir una de las iglesias más multiculturales en el mundo con más de 142 nacionalidades representadas entre sus 20.000 miembros. Dennis también es autor del libro "10" que trata sobre las cualidades que te llevan de ser un creyente a un discípulo de Cristo. Dennis y Colleen han estado casados desde 1983 y se encuentran en esta segunda etapa de sus vidas llevando el mensaje que por tanto tiempo han desarrollado, fuera de las iglesias para ayudar a expandir el Reino de Dios en todo el mundo. Su visión incluye cuatro mensajes principales: ayudar a las iglesias a Construir Familias Fuertes, transformar su comunidad, reconciliar culturas, y alcanzar el mundo con el evangelio de Jesucristo.

www.ingramcontent.com/pod-product-compliance
Lightning Source LLC
Chambersburg PA
CBHW062100080426
42734CB00012B/2704